Pierre-Michel Delessert, photographe   Daniel Fazan, rédacteur-styliste   Carlo Crisci, cuisinier   Oscar Ribes, graphic-design

Recettes de Carlo Crisci
rédigées en collaboration avec Daniel Fazan

Photographies de
Pierre-Michel Delessert

Graphic-design
Oscar(R)ibes

Éditions Favre SA
Siège social
29, rue de Bourg • CH-1002 Lausanne
Tél.: 021 312 17 17 • Fax.: 021 320 50 59
lausanne@editionsfavre.com
www.editionsfavre.com

Bureau de Paris
12, rue Duguay-Trouin • F-75006
Tél. & Fax: 01 42 22 01 90
paris@editionsfavre.com

Dépôt légal en Suisse octobre 2006
Tous droits réservés pour tous pays.
Toute reproduction, même partielle,
par tous procédés, y compris la photoco-
pie, est interdite.

ISBN: 2-8289-0915-8
© 2006 by Éditions Favre SA, Lausanne

FAVRE

CARLO CRISCI

Je dédie cet ouvrage à Maria et Angelo, mes parents, à mon épouse Christine, à Malya, Fanny et Angelo, mes enfants, ainsi qu'à tous mes collaborateurs, amis et clients qui m'ont fait avancer par leur travail, leur soutien et leur fidélité.

Préface de Jean-Claude Ribaut

L'œil brillant, le sourire éclatant, Carlo Crisci, cuisinier en Suisse romande, semble dire, paraphrasant Ramuz : «Je suis d'un pays de lacs, de vignes, de forêts. L'eau y joue à part égale avec le vin sous le feuillage.» Sa cuisine légère, élégante et raffinée, hérite de l'histoire millénaire de la région de Cossonay, bourgade lovée entre La Côte au sud, le Gros-de-Vaud à l'est, le Nord vaudois, et le pied du Jura à l'ouest. Les origines de Cossonay, aujourd'hui chef-lieu d'un district d'une trentaine de communes, remontent au Moyen Age. La petite ville est fière de son architecture, témoignage d'une gloire passée qui, avec deux arcs de plein cintre en pierre, est encore l'écrin de la salle à manger du Restaurant Le Cerf où Carlo Crisci exerce son art. Ce charme moyenâgeux ajoute au mystère. On imagine là, un épisode de «l'Histoire du soldat», célèbre pièce musicale de Stravinski. «Entre Denges et Denezy / un soldat qui rentre chez lui...», car le soldat, ainsi que le diable, ne sont pas insensibles aux plaisirs de la table : «Le soldat : qu'est-ce qu'on aura à manger ? - Le diable : la cuisine est au beurre de première qualité. - On aura de quoi boire ? - Rien que du vin bouché. - On aura de quoi fumer ? - Des cigares à bagues de papier doré» On pourrait croire qu'il s'agit du menu-surprise du chef Crisci à l'enseigne du Cerf.

Lausanne et sa région furent d'abord un site gallo-romain sur l'axe Rhin-Méditerranée. Lieu d'échange et de passage, d'Hannibal à Bonaparte, la ville a toujours eu un rôle politique et culturel, et même sportif avec l'installation du C.I.O. Au temps des ducs de Savoie, le Pays vaudois, par ses produits, contribue aux fastes de la Cour d'Amédée VIII, où s'illustre le fameux cuisinier, Maître Chicart (XVe siècle), dont Sion a conservé les archives. Ramuz, Simenon, Charlie Chaplin ont aimé la côte vaudoise. Charlot, l'homme à la badine, a fini ses jours au pays de Madame de Staël, de Denis de Rougemont, aux confins des territoires allobroges. Ce rôle de passeur, c'est le génie du Pays romand : les Vaudois font la liaison. En cuisine, c'est pareil, on ne saurait dissocier.

Carlo Crisci ne recherche pas les effets. Son style se définit simplement : «Des jus fins, pas de sauces.» Mais en cuisine, l'on sait que ce qui paraît le plus simple est parfois le plus complexe. Pour lui, la cuisine, c'est le jeu de la vie, la créativité modulée au gré de la mémoire. Cuisine, coutumes, respect du sol, tout est lié. C'est la cuisine nouvelle des terroirs. Elle n'est pas moins exigeante, car, qu'on le veuille ou non, les règles de la cuisine française sont sélectives, au risque de la rendre méconnaissable si elles sont oubliées. Conscient de cette exigence, Carlo Crisci reste un artisan de la continuité. C'est dans le rejet des matières trop grasses et des sauces trop nappées, sans beaucoup d'huile, sans farine et presque sans beurre, qu'il inscrit son travail, afin que s'épanouissent les parfums d'un dos de cabillaud vert en croûte d'olives au sabayon d'anchois et matelote de câpres, d'un rognon de veau poêlé à la moutarde noire ou d'une aiguillette de canard laqué à la raisinée. Les herbes sauvages sont conviées à la fête : la réglisse sauvage associée au foie gras mariné, la berce avec l'aile de raie, les racines de persil pour les grenouilles, tandis que benoîte urbaine et genièvre parfument le colvert rôti à la broche.

L'originalité des saveurs issues de la cueillette exige une parfaite connaissance des plantes, la maîtrise des cuissons et celle des jus, nages légères, décoctions ou infusions. C'est là le talent de Carlo Crisci. Jamais il ne s'agit de jongler avec les saveurs ou de les superposer. Tout au plus de les isoler, pour les redéployer en de subtiles compositions ne laissant rien au hasard. Comme le peintre avec les «valeurs», Crisci s'attache au goût des ingrédients, des produits et des assemblages, non dans l'absolu, mais dans leurs relations mutuelles afin d'en préciser la hiérarchie. C'est une cuisine empreinte d'une sensualité qui privilégie l'émotion. Ici, les saveurs se marient, mais n'explosent pas en bouche, selon le nouveau terrorisme de l'excès sensoriel permanent qui, avec le mythe du terroir, envahissent le champ culinaire ! Ajoutez à cela une appellation d'origine, un chasselas à l'arôme fruité et épicé, légèrement poivré, rappelant l'ananas et la truffe. La cuisine de Carlo Crisci plaide pour le «retour à l'élémentaire, mais retour à l'essentiel». De nos jours, les chefs ont peu d'assurance sur le produit, il est aléatoire ; peu de certitudes sur la rentabilité. Beaucoup se contentent de faire «Swatch,» comme une montre sans boîtier dont on voit le mécanisme. Le privilège du Pays romand est de posséder une longue et riche histoire depuis la Réforme de 1536, puis l'éphémère République lémanique, jusqu'à la Confédération qui, aujourd'hui, assure une tranquille prospérité. C'est le socle sur lequel Carlo Crisci construit une vision moderne de la cuisine.

Jean-Claude Ribaut

Carlo sera-t-il couturier ou graphiste?

L'adolescent Carlo, rêveur et déjà agité, s'imaginait vaguement dans la création. Son avenir n'était cependant pas plus limpide qu'une journée grise de février à Vallorbe. Rien ne lui paraissait vraiment tentant, ni ne méritait qu'il s'investisse sans limites. Durant les années 70, entre 15 et 20 ans, Carlo Crisci, fils d'Angelo, restaurateur, et de Maria, ignore tout du potentiel créatif et novateur que recèle son esprit. Oui, la couture délirante de ces années festives de haute conjoncture ou la beauté des objets parfaitement conçus le mettent en émoi, mais... Le déclic ne se fait pourtant pas. En tout cas pas d'un seul coup. Cette lente prise de conscience va prendre des détours, suivre des méandres que de subtils conseils, entendus et compris, vont insensiblement diriger. Un professeur de dessin, aussi fin psychologue que talentueux, au vu des travaux graphiques amateurs de Carlo, lui propose de suivre un apprentissage de cuisine. Le bon sens le guide vers un métier «alimentaire» dans les deux sens du terme: «... après, tu feras ce que tu voudras, tu choisiras, car tu auras une base...» Dans un hôtel de Vevey, le descendant d'immigrants de Campanie, venus de Salerne, pays napolitain de la bonne chère, découvre que la cuisine se limite à ouvrir des boîtes de conserve, à frire du

surgelé. Et parfois à oublier le client. Il entrevoit malgré tout que c'est un vrai métier, découvre que lire une recette est un chemin vers la compréhension d'une profession plus complexe que son maître d'apprentissage ne lui laisse percevoir. Il s'ouvre peu à peu au monde, dessine, visite des expositions, remplit sa vie d'émotions nouvelles. Il a 19 ans, quand, dans le cadre de sa nouvelle profession, il rencontre Christine qui deviendra plus tard son épouse et la mère de ses trois enfants. Christine sera, et est toujours, la complice qui aplanit les obstacles, crée les conditions les plus parfaites possibles à l'épanouissement du créateur et de sa brigade. Elle est la partie la moins mise en lumière de leurs talents réunis.

À 20 ans, il n'est pas encore convaincu que la cuisine soit son terrain de jeu expérimental rêvé, ignore encore qu'il peut le devenir. Il remplace son père aux fourneaux du restaurant qu'il vient d'acquérir aux Paccots, la station familiale près de Châtel-Saint-Denis. Son père Angelo aime son jardin et fait bénéficier sa cuisine des produits frais qu'il cultive. Maria, sa mère, perçoit tôt que

son fils imprime une tendance propre à la cuisine de la maison. Mais Carlo veut apprendre l'allemand et part pour Bâle. Raté! On ne parle que français dans les cuisines! Il change de brasserie, mais... ailleurs, dans cette Bâle francophile, on n'y parle que la langue de Brillat-Savarin plutôt que celle de Goethe! Il se propose alors de rallier Londres pour apprendre l'anglais. Au Saint-Moritz, le bien nommé, il ne fait que de la cuisine suisse dans ce restaurant à succès, mais l'exécution de la carte ne lui apprend rien. C'est alors qu'un soir le grand chef suisse Mosimann installé à Londres, vient en client et commande une fondue bourguignonne! Que faire pour que le Maître remarque l'originalité naissante de ce jeune chef suisse? Carlo Crisci, admiratif du seigneur des fourneaux de la jet-set et du *swinging London*, se fend d'une présentation amusante et virtuose. Il taille des pommes de terre en tulipes, des légumes en roses, conçoit des sauces originales pour marquer la circonstance. Mosimann demande à le rencontrer et l'invite dans les cuisines du Dorchester, le temple-église de la gastronomie londonienne. Carlo Crisci est alors saisi par le personnel cuisinier d'un extrême professionnalisme qui anime les lieux: 120 personnes, commis, sauciers, cuisiniers, s'agitent

dans un extraordinaire ballet réglé au millimètre. Mosimann est le plus grand traiteur du pays, il est le fournisseur des garden-parties du Palais de Buckingham, son restaurant est le phare de la gastronomie chic. On ne réussit pas sans talent. Crisci est aiguillonné par une telle débauche de succès et d'originalité. Mosimann veut l'engager sur-le-champ, quitte à le soustraire à son ami, l'employeur de Carlo.
Un jour pour dire oui. Le destin se joue-t-il en vingt-quatre heures? Carlo souffre intérieurement de se voir obligé de trahir un patron qu'il apprécie. Et c'est précisément ce jour-là que son père l'appelle des Paccots. «Je viens de vendre La Dent-de-Lys et j'ai acheté L'Ermitage, reviens Carlo, j'ai besoin de toi!» Christine attend leur premier enfant. Carlo et Christine reviennent au pays.
De cette époque – il n'a que 22 ans – ébloui par l'art de composer des plats, enthousiasmé par les possibilités infinies que la cuisine ouvre devant lui, Carlo Crisci va dès lors s'engager, d'abord timidement aux Paccots, mais de plus en plus, vers la signature qui est la sienne aujourd'hui. Davantage qu'une signature, c'est une écriture culinaire. Incarnée, habitée.

De sa montagne, Carlo pressent que la vie ne lui a pas encore donné le signe explicite et clair qui lui sera déterminant. Son instinct lui dit aussi qu'il n'a pas encore donné à sa propre vie le sens qui sera le sien, désormais...
Mais encore et toujours, le destin ne se nouera pas aux Paccots, ou plutôt si, dans un préambule ! Un client assidu de l'Ermitage, gourmet et curieux, lui apprend qu'une belle adresse est vacante : Le Cerf, à Cossonay. Son propriétaire, sculpteur, repère en Carlo l'artiste qu'il peut devenir et accorde sa confiance au jeune homme. Carlo Crisci va faire de cette maison pluriséculaire qui a vu passer les diligences, hébergé les hôtes de passage et leurs chevaux, un des plus beaux rendez-vous gourmands de Suisse.
Les pierres de la bâtisse le séduisent. Il va y apporter la sienne.

1982 marque l'année de son entrée dans le monde exigeant de la haute gastronomie, l'année qui le voit s'investir, avec Christine, dans une aventure joyeuse et attentive, sans compromissions.

En 1982, Carlo devient Crisci.

carlo crisci

Pourquoi un livre de recettes?

«...pour situer dans le temps, fixer, retenir le savoir accumulé... j'aurais mille raisons, et aucune à la fois, de dire pourquoi j'ai accepté d'arrêter sur image et avec des mots ce qui est mon quotidien en constante évolution... je ne vis que dans le mouvement, les essais, la fantaisie et peut-être, dans l'audace selon certains...!»

«Ecrire un livre de recettes, c'est prolonger le rôle éducatif de la cuisine, cet art qui incite mes contemporains à la découverte. Ecrire, c'est partager généreusement son savoir, le rendre accessible et réalisable...» Ces aveux sont autant de messages optimistes et joyeux qu'est, au jour le jour, la cuisine de Carlo Crisci.

Transcender un produit magnifique. Le sublimer, le mettre en valeur de la plus belle des manières. Mais aussi surprendre, jouer des aversions possibles d'un client pour un produit et le contrarier, le séduire avec humour. Travestir visuellement un produit, mais sans le trahir, pour abattre un préjugé d'un coup de cuillère magique. La mission de Crisci semble être un combat contre la morosité, avec pour objectif ultime: plaire et faire savoir que c'est bon. Est-ce aussi simple? Non.

Pour faire naître le bonheur, les yeux de ses hôtes sont sur-le-champ invités aux premières loges. «...au premier regard, on doit savoir que c'est bon!» Le couturier et le graphiste que, adolescent, il se voyait être, sont revenus en force. Le charme, la ligne, le jeu des couleurs et des contrastes: l'assiette est l'habit du goût. Le plat est cet écrin pour le bijou scintillant des saveurs à venir. En cuisine, vif-argent et explosif, toujours maître de ses mains calligraphes, Crisci contrôle, du pinceau aux seringues, la lecture du plat. Car il s'agit bien d'une lecture, avide, que le gourmet attend. L'œuvre est à l'atelier, encore...

Crisci sculpte l'espace, libère de la pesanteur terrestre un cylindre de courgette frite, dresse au ciel une gaze mousseuse de carotte, zéphyr aérien qui plane en défiant l'instant... avant que des couverts impatients sèment le désordre sur l'harmonie de son œuvre éphémère. Le goût y sera. L'épanouissement de la saveur achèvera la ligne tendue qui va de l'œil au palais. Les mariages seront surprenants mais sans heurts, ils développeront leurs accords dans une heureuse symbiose.

«...on crée parfois sous la férule de la contrainte... l'inspiration n'est souvent... qu'une solution!» Et la curiosité insatiable... le nerf de la guerre, Monsieur Crisci?

Carlo va aussi, animé par cette soif impatiente de nouveauté qui le caractérise, courir les sentiers de la nature, mordre mille feuilles et des dizaines de baies, extraire des racines de primevères, recueillir de la flouve, humer des écorces d'épicéa. Il ne va écarter que les cailloux du Petit Poucet!... et encore: il en ferait quelque chose! De retour de ses promenades apaisantes, il associera ces nouvelles saveurs à celles qu'il connaît depuis si longtemps. Il décuplera son émerveillement, augmentera sans fin son aire de jeu, car il ne lui vaut de vivre que s'il joue avec tout...

L'Art, celui des autres, est aux murs du Cerf. Il est dans une vaisselle créée sur mesure, des couverts qu'il a conçus et testés. L'Art est son oxygène, la musique son bain de jouvence. Comme un miroir, Crisci ne vibre qu'aux vibrations du meilleur. Il est encore Italien: admirateur sans limites du talent des autres.

De ses origines méditerranéennes il garde au cœur et au palais la gouleyante saveur de terre de l'huile d'olive, les épices de son pays campanien accablé de soleil. Mais sans exclusive: un produit encore inconnu de ses papilles est éligible en tout temps. Le manioc, le taro, une algue, le macis ou l'épicéa, cette écorce à qui l'on ne fait jouer que le rôle de ceinture parfumée d'un Mont-d'Or, chacun trouvera sa place inédite dans une composition achevée et novatrice.

Dans la salle aux deux piliers de pierre, solides comme le sont Christine et Carlo, mais tellement plus austères que ne le sont les propriétaires du Cerf à Cossonay...! les gourmets se réjouissent, ils ont rendez-vous avec ce qu'ils attendent et avec ce qui va les surprendre. Ils sont fidèles, tous ceux qui recherchent dans une même quête la beauté des saveurs, celles, infinies, de la nature et la connaissance immense de cet alchimiste qui n'y croyait pas...

Chacun, heureux, confirmera, au comble du plaisir, que Crisci a écrit dans l'assiette le fruit de ses pensées, puisé aux sources des meilleurs produits et de l'inspiration, maîtrisé encore et toujours sa technique virtuose, insufflé à sa brigade son humeur du moment, bonne ou inquiète, exigeante et épidermique. Il aura apporté au gourmet charmé cette expérience tout à la fois classique, marginale, unique et si personnelle qui fait de Carlo Crisci un homme pas comme les autres, un chef qui ne ressemble à nul autre.

la cuisine...

...Combien d'étiquettes va-t-on lui coller? Terroir, moderne ou moléculaire. Quelle autre encore? Pourquoi des chapelles, des clans? Alors que les chefs s'en balancent... J'ai envie d'affirmer que toutes les cuisines ont leur sens si elles sont pratiquées dans le respect du produit et avec sincérité.

Notre métier peut se transformer en aventure tous les jours, de la recherche du produit parfait à celle de collaborateurs passionnés et compétents, avides d'apprendre et de donner. Cette passion conduit à l'art. Celui d'un jeu au plus haut niveau, de la quête d'une relation absolue, l'art d'un exercice de l'esprit qui bouscule l'autre, et soi-même d'abord... La cuisine, c'est une quête de bonheur.

Cette recherche continue m'est essentielle, j'y crois et tiens à être sincère. Ce renouveau permanent vers l'excellence me permet d'y trouver une jouissance à la hauteur de mes efforts et de mes exigences.
La récompense, je peux la lire dans les yeux de mes convives: ils me disent à la fois mon plaisir immense de partager et ce but qui est de trouver, un jour, l'équilibre...

Carlo Crisci

sommaire

001 / 009   carlo crisci

010 / 011   sommaire

012 - 047   **entrées**

014 / 015	salade d'éperviers "angelo"
016 / 017	salade d'amanites des césars et artichauts croquants
018 / 019	fondant de canard aux pistaches et lard d'arnad
020 / 021	tartare de lapin à l'huile de pistache
022 / 023	tartare de pigeon et truffe noire
024 / 025	millefeuille de foie gras mariné aux épices, figues confites et gelée de madère
026 / 027	marbré de foie gras et pigeon parfumé à la truffe blanche
028 / 029	mosaïque de légumes, lapin et ris de veau parfumés à la flouve
030 / 031	crème de potimarron aux châtaignes
032 / 033	cappuccino grison
034 / 035	friole de cuisses de grenouilles en velours de salsifis et truffe blanche
036 / 037	millefeuille de cuisses de grenouilles et taro aux délices des bois
038 / 039	cassolette d'escargots à l'épiaire
040 / 041	raviolis de ricotta au tussilage
042 / 043	paupiette de coquelicot au lard du toggenburg
044 / 045	les aubergines farcies de ma maman
046 / 047	chaud-froid de mont-d'or et truffes noires aux topinambours

048 - 117   **poissons, crustacés & coquillages**

050 / 051	huîtres tourbées à l'échalote confite et verjus
052 / 053	ciselé de féra à l'égopode
054 / 055	caviar osciètre et pommes de terre rattes à la crème de berce
056 / 057	duo de st-jacques et huîtres aux truffes
058 / 059	frivolité de thon et lard d'arnad aux huîtres
060 / 061	gelée de homard en crème de petits pois parfumée aux fruits de berce
062 / 063	bernicles juste tièdes aux artichauts poivrade
064 / 065	croustillant de langoustine au jus de carotte rouge et pamplemousse rose parfumé au carvi
066 / 067	friole d'ormeau aux asperges et tussilage
068 / 069	filets de perche en velours de doucette et citron vert
070 / 071	nonnette de st-jacques truffe blanche et salsifis
072 / 073	soupe d'huîtres à la truffe noire
074 / 075	moules de bouchot au tussilage et pommery summertime
076 / 077	gaufrettes de st-jacques en duo de truffe et mélilot
078 / 079	filet de rouget en écailles d'aubergine et son huile de basilic
080 / 081	filet de rouget en écailles de taro et duo de jabugo et choux de bruxelles
082 / 083	duo de rouget et tête de veau aux cèpes à l'infrarouge et huile de persil
084 / 085	pressé d'aile de raie en nage de coquillages
086 / 087	duo de cabillaud et thon en saté de pistache et marinière de coquillages
088 / 089	paupiette de st-pierre et thon au pamplemousse rose et matelote de gingembre
090 / 091	strudel de lisette aux moules de bouchot
092 / 093	filet de rouget à l'huile de lierre terrestre
094 / 095	dos de lotte piqué d'huîtres rôti au beurre de macis
096 / 097	sole rôtie à l'arête en duo de tussilage et jabugo
098 / 099	friole de foie de féra au beurre de citron confit et câpres
100 / 101	strudel de langoustine à l'huile de carotte sauvage
102 / 103	marguerite de homard aux amanites des césars
104 / 105	nage de tourteau aux délices de la marée
106 / 107	friole de crevette royale en duo de poivrons
108 / 109	rose de crevette en émulsion de kumquat
110 / 111	friole de crevette au jus de betterave rouge et rhubarbe
112 / 113	tortue de homard aux cèpes
114 / 115	homard rôti en coquille, en duo de rattes tièdes et truffes croquantes
116 / 117	petits farcis de crevette et fleurs de courgette en duo de tomate et basilic

118 - 143	**abats**	172 - 201	**desserts**

120 / 121	tatin de boudin au madère
122 / 123	ris de veau glacé au café et poivre de séchouan à l'huile de pistache
124 / 125	essence de volaille au flan de foie gras et amanites des césars
126 / 127	foie gras au tamarin
128 / 129	foie gras de canard en duo de grué et porto parfumé au gingembre
130 / 131	pommes fondantes et truffe à la moelle
132 / 133	raviolis de ris de veau et asperges à l'épiaire
134 / 135	croustillant de ris de veau et potimarron à la truffe blanche
136 / 137	strudel de pied de veau aux morilles
138 / 139	truffé de pied de porc dauphine
140 / 141	friole de rognon à la moutarde noire
142 / 143	tête de veau sauce gribiche

144 - 171 viande, volaille et gibier

146 / 147	filet de biche rôti aux figues, parfumé aux épices
148 / 149	chartreuse de perdreaux au chou croquant et délices des bois
150 / 151	pigeon en vessie parfumé à la benoîte urbaine
152 / 153	cuisse de canard confite au tamarin
154 / 155	aiguillette de canard à la raisinée
156 / 157	colvert rôti aux pommes et poires tapées
158 / 159	saucisse aux choux et purée à l'œuf coulant
160 / 161	parmentier d'agneau à l'huile de thym
162 / 163	épaule d'agneau de lait aux escargots et lierre terrestre
164 / 165	rognonnade de veau parfumée à la flouve
166 / 167	côte de veau en cocotte lutée parfumée à l'épicéa
168 / 169	côte de veau en croûte de sel parfumée au lierre terrestre
170 / 171	gigotin de chevreuil à la broche parfumé au genièvre

174 / 175	croquant de pommes et châtaignes aux baies d'automne
176 / 177	panna cotta parfumée à l'impératoire et gelée de cerises
178 / 179	ananas rôti à la raisinée, macaron glacé à la benoîte urbaine, sauce café et impératoire
180 / 181	chaud-froid de mandarine en gelée de thé
182 / 183	tarte à la raisinée
184 / 185	tarte tatin
186 / 187	tarte fine aux pommes
188 / 189	pêches plates rôties en crumble, glace à l'aspérule
190 / 191	tatin de mirabelles à l'orange, glace à l'impératoire
192 / 193	tiramisu aux myrtilles
194 / 195	tortue de prune au porto parfumée aux épices, glace à l'impératoire
196 / 197	tarte vaudoise au grué
198 / 199	gelée d'or fée et sa compote de rhubarbe
200 / 201	moelleux au chocolat au thé vert, sauce orange

202 - 207 chocolat

202 / 203	éclats divers
204 / 205	truffé chocolat orange
206 / 207	truffes à la raisinée
206 / 207	truffes à la chartreuse

208 - 215 recettes de base

216 - 223 herbier

224 remerciements

entrées

salade d'éperviers "angelo"

1 kg	d'éperviers
1 c à s	de vinaigre

nettoyer les éperviers, les couper en petits quartiers, blanchir légèrement à grande eau vinaigrée, égoutter et mettre un poids dessus pour bien les essorer

1	gousse d'ail
1	échalote
1	oignon
1	branche de céleri

peler et dégermer l'ail, peler l'oignon, peler l'échalote et la couper en quartiers de lune, peler le céleri, tailler en bâtonnets

3 dl	d'huile d'olive
2 c à s	de vinaigre de xérès
1	feuille de laurier
20 gr	de racine de benoîte ou un clou de girofle

dans une bassine, mélanger le tout, ajouter l'huile d'olive, le vinaigre de xérès, le poivre, le laurier, la benoîte, mettre dans un bocal, recouvrir d'huile d'olive, fermer le bocal, mettre au frais et attendre 2 jours au minimum

poivre noir
fleur de sel

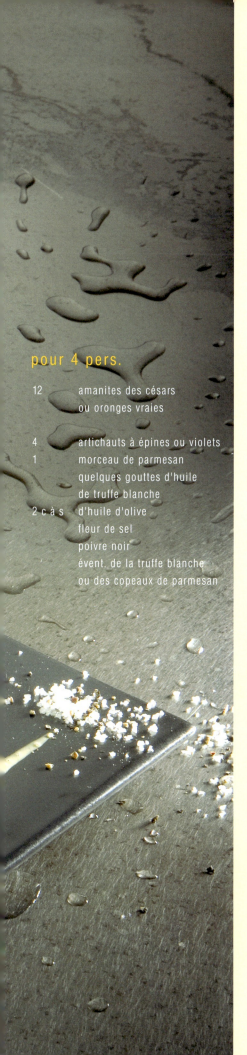

salade d'amanites des césars et artichauts croquants

pour 4 pers.

12	amanites des césars ou oronges vraies
4	artichauts à épines ou violets
1	morceau de parmesan
	quelques gouttes d'huile de truffe blanche
2 c à s	d'huile d'olive
	fleur de sel
	poivre noir
	évent. de la truffe blanche ou des copeaux de parmesan

peler les amanites, les couper en fines tranches

tourner les artichauts et les couper en fines tranches, mélanger avec les amanites, assaisonner de fleur de sel et poivre noir, huile d'olive et quelques gouttes d'huile de truffe blanche

râper par-dessus de fines tranches de parmesan ou de truffes blanches

016 / 017

fondant de canard aux pistaches et lard d'arnad

pour 8 pers.

2	aiguillettes de canard
300 gr	de foie de canard
1 l	de lait
150 gr	de lard d'arnad (lard blanc) en cubes
1	pincée de sucre
	piment d'espelette
	poivre noir
	fleur de sel
2 dl	de crème à 45%
1 dl	de cognac
3	jaunes d'œuf
30 gr	de pistaches
200 gr	de lard d'arnad en bardes
80 gr	d'oignon confit

cuire 5 min les aiguillettes de canard sur la graisse, laisser tirer, puis retirer la graisse, couper en cubes de 4 mm, réserver

tremper les foies dans le lait 1 à 2 heures, essuyer, mixer les foies avec les cubes de lard, saler, poivrer, sucrer, pimenter, puis passer au tamis, déposer un cul de poule sur de la glace, puis monter la masse de foie avec une spatule en incorporant la crème, le cognac, les œufs, les pistaches, puis ajouter les cubes d'aiguillette de canard, dégazer 5 à 6 fois à la machine à mettre sous vide (facultatif)

barder le moule de lard d'arnad en laissant dépasser assez de bardes pour pouvoir recouvrir par la suite, remplir avec la masse sur une hauteur de 3 cm env. et cuire au four à bain-marie 20 min env. à 180° ou mettre sous vide et cuire au four à 68° pendant 1 h

former des quenelles à la cuillère, accompagner d'une petite salade, d'un peu d'oignon confit et de pain de campagne toasté

tartare de lapin à l'huile de pistache

pour 4 pers.

2	échalotes	emballer les échalotes dans une feuille d'aluminium et les confire au four à 200° pendant 2 h env.
4	filets de lapin	ciseler les filets de lapin, émincer une échalote confite et les mange-tout grossièrement, faire tomber à l'huile d'olive, mélanger le tout, assaisonner de fleur de sel, poivre noir, piment, huile d'olive, les huiles parfumées, le zeste d'orange et le mélange d'herbes
4	pois mange-tout	
1 c à c	d'huile d'olive	
2 c à s	de mélange d'herbes (persil plat, cerfeuil, céleri-feuille)	
1 c à s	d'huile d'olive	
1 c à c	d'huile de lierre terrestre	
	quelques gouttes d'huile d'amande	
	quelques gouttes d'huile de pistache	mouler ou former des quenelles, réserver
1	zeste d'orange blanchi	
	fleur de sel	
	poivre noir	
	piment en brunoise	

sauce pistache

1 dl	de fond de légumes	ciseler l'autre échalote confite, la cuire avec le fond de légumes, ajouter les pistaches écrasées, le fond de volaille, émulsionner avec l'huile d'olive, ajouter le mélange d'herbes et assaisonner avec la fleur de sel et le poivre noir, le piment et quelques gouttes d'huile de pistache
6	pistaches écrasées	
1 c à c	de fond de volaille	
0,3 dl	d'huile d'olive	
1 c à s	mélange d'herbes, soit persil plat, cerfeuil, céleri-feuille	
1	piment oiseau	
	quelques gouttes d'huile de pistache	
	fleur de sel	
	poivre noir	dresser le tartare avec l'émulsion de pistache, on peut l'accompagner de foie gras mariné et d'un mesclun

tartare de pigeon et truffe noire

pour 4 pers.

4	aiguillettes de pigeon
1	truffe noire de 40 gr
1	branche de céleri ou 8 mange-tout
2 c à c	d'huile d'olive
	cerfeuil, persil plat, céleri-feuille
2 c à s	d'huile d'olive
1 c à c	d'huile (parfumée au lierre terrestre)
1 c à c	de jus de truffe fleur de sel poivre noir

retirer la peau, dénerver et ciseler

peler et détailler en tranches de 1 mm, réserver les plus belles tranches, tailler le reste en brunoise
tailler les mange-tout ou le céleri branche en brunoise, tomber à cru à l'huile d'olive et réserver

ciseler 2 c à s d'herbes en parts égales, ajouter au tartare de pigeon ainsi que la brunoise de truffe, l'huile d'olive, l'huile de lierre terrestre, le jus de truffe, assaisonner de fleur de sel et poivre noir du moulin

ce tartare peut être accompagné de quelques tranches de foie gras mariné et d'un mesclun

millefeuille de foie gras mariné | aux épices, figues confites et gelée de madère

pour 4 pers.

1	lobe de foie gras de 300 gr
7 gr	de fleur de sel
2 gr	de sucre
10 gr	de racine de benoîte urbaine
3 gr	de poivre de séchouan
2 gr	de cannelle
1 gr	de badiane (anis étoilé)
5 gr	de poivre noir
1,5 dl	de madère
1,5 dl	de porto
3 gr	d'agar-agar

la veille, dénerver le foie et façonner en formant un boudin de 5 cm de diamètre env.

mélanger le sel, le sucre et la moitié du mélange d'épices, piler au mortier, assaisonner le foie gras, et l'emballer dans un papier film et un linge, réserver une nuit au frigo

mettre l'autre moitié des épices dans le porto et le madère, chauffer et flamber, y faire confire les figues à feux doux, retirer les figues, filtrer, réserver 2 c à s pour la sauce et 1 c à s pour les figues, ajouter 2 gr d'agar-agar, cuire 2 min puis verser sur une plaque, réserver

2 figues
20 gr de pignons
20 gr de pistaches

couper les figues en dés, mélanger avec les pignons torréfiés et les pistaches hachées grossièrement et mélanger avec 1 c à s de sauce

couper le foie gras en tranches de 3 mm dans un moule, monter un millefeuille en intercalant le mélange de figues et le foie gras, terminer par une tranche de gelée découpée dans la plaque refroidie, mettre au frais

démouler, dresser avec la sauce, un peu de fleur de sel et de mignonnette de poivre

vinaigre balsamique

ajouter un peu de balsamique au fond de cuisson des figues, réduire à consistance sirupeuse et rectifier l'assaisonnement

marbré de foie gras et pigeon parfumé à la truffe blanche

pour 4 pers.

1	lobe de foie gras de 300 gr	dénerver le foie gras et faire tremper dans le lait, ajouter un peu de sucre et laisser au frais pendant 2h
1 l	de lait	
	un peu de sucre	
	sel, poivre	égoutter et essuyer le foie gras, assaisonner de sel et de poivre, mettre sous vide, à défaut, emballer dans un cellophane et cuire 20 min dans une terrine au four à 60°

1	filet de pigeon	saler et poivrer l'aiguillette de pigeon, emballer dans du cellophane avec quelques pelures de truffe blanche et cuire 20 min à 60° au four vapeur ou 40 min à 120°
1	truffe blanche de 30 gr	
1	pincée de sucre	
1	branche de céleri	
10 gr	de pignons torréfiés	couper l'aiguillette en dés de 3 mm, ajouter les 3/4 de la truffe coupée en dés de 2 mm, la branche de céleri pelée et coupée en brunoise de 2 mm, 10 gr de pignons torréfiés, mélanger le tout et assaisonner de fleur de sel et poivre du moulin

sur une feuille de cellophane étaler le foie gras, disposer le mélange pigeon, truffes et céleri, rouler le tout en boudin ou former dans une terrine et mettre sous presse au frigo une nuit

3 c à s	de jus de pigeon	chauffer le jus de pigeon et mixer avec le reste de truffe blanche, l'huile de colza et la moitié des pignons rôtis, saler, poivrer et réserver
1 c à s	d'huile de colza	
20 gr	pignons	
60 gr	de compote d'oignon	
	fleur de sel	paner le foie gras dans un mélange de pignons hachés finement, de poivre noir en mignonnette
	mignonnette de poivre	

couper le foie gras en tranches, garnir d'une compote d'oignon et de la sauce truffe blanche

mosaïque de légumes, lapin et ris de veau parfumés à la flouve

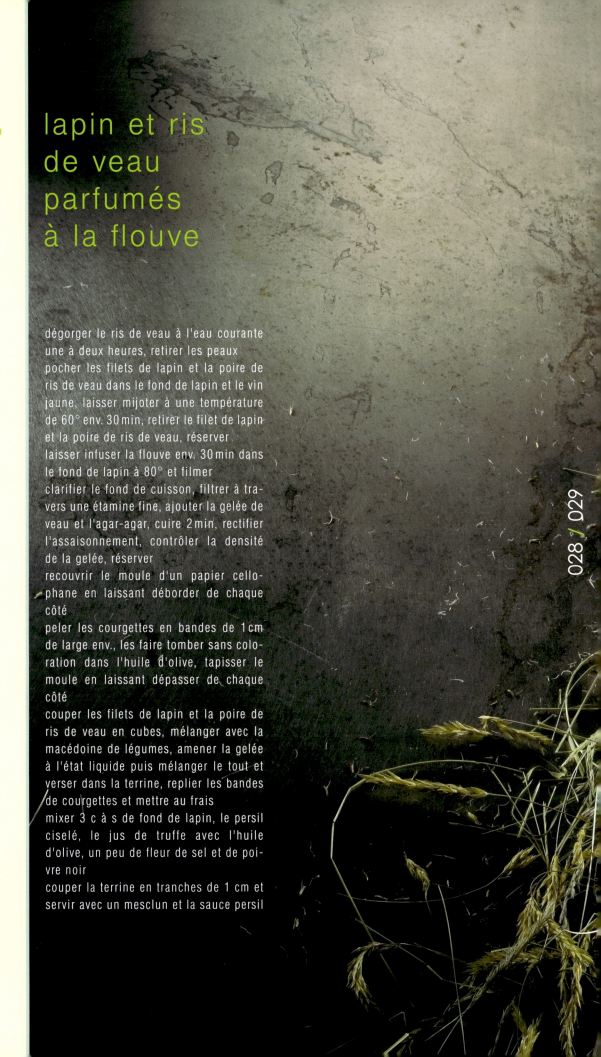

pour 4 pers.

1	poire de ris de veau
2	filets de lapin
1 dl	de fond de lapin
1 dl	de vin jaune
10 gr	de flouve
1 dl	de gelée de veau
2 c à c	rases d'agar-agar

2	courgettes
1 c à c	d'huile d'olive
100 gr	de macédoine de légumes cuite

sauce persil

1 c à c	de jus de truffe
3 c à s	de fond de lapin
2 c à s	persil ciselé
1 c à s	d'huile d'olive
	fleur de sel
	poivre noir

dégorger le ris de veau à l'eau courante une à deux heures, retirer les peaux
pocher les filets de lapin et la poire de ris de veau dans le fond de lapin et le vin jaune, laisser mijoter à une température de 60° env. 30 min, retirer le filet de lapin et la poire de ris de veau, réserver
laisser infuser la flouve env. 30 min dans le fond de lapin à 80° et filmer
clarifier le fond de cuisson, filtrer à travers une étamine fine, ajouter la gelée de veau et l'agar-agar, cuire 2 min, rectifier l'assaisonnement, contrôler la densité de la gelée, réserver
recouvrir le moule d'un papier cellophane en laissant déborder de chaque côté
peler les courgettes en bandes de 1 cm de large env., les faire tomber sans coloration dans l'huile d'olive, tapisser le moule en laissant dépasser de chaque côté
couper les filets de lapin et la poire de ris de veau en cubes, mélanger avec la macédoine de légumes, amener la gelée à l'état liquide puis mélanger le tout et verser dans la terrine, replier les bandes de courgettes et mettre au frais
mixer 3 c à s de fond de lapin, le persil ciselé, le jus de truffe avec l'huile d'olive, un peu de fleur de sel et de poivre noir
couper la terrine en tranches de 1 cm et servir avec un mesclun et la sauce persil

crème de potimarron aux châtaignes

pour 4 pers.

100 gr	de châtaignes
	gros sel
1 dl	de crème à 35%

fendre les châtaignes et les cuire sur un lit de sel au four

couper la moitié des châtaignes pelées en petits dés et passer le reste au tamis fin, incorporer la crème chaude afin d'obtenir une consistance semi-liquide, poivrer et saler, mettre dans un émulsionneur, réserver au chaud la tête en bas

1	oignon
200 gr	de potimarron
1	gousse d'ail
20 gr	de beurre
1 l	de bouillon de légumes
2 c à s	d'huile d'olive

émincer l'oignon, le potimarron avec la peau et la gousse d'ail dégermée, faire tomber le tout dans une noix de beurre et mouiller avec le bouillon de légumes, assaisonner de sel et poivre, laisser cuire puis mixer et émulsionner avec l'huile d'olive

1 c à c   de raisinée

garnir la crème de potimarron de mousse de châtaignes et de dés de châtaignes caramélisés avec un peu de raisinée

cappuccino grison

pour 4 pers.

10 gr	de haricots blancs

la veille, faire tremper les haricots au moins 6 h

200 gr	de brunoise de légumes
1	échalote
20 gr	de beurre
50 gr	d'orge perlé
2 l	fond de volaille blanc
1 l	de bouillon de légumes

ciseler l'échalote, faire fondre le beurre dans une casserole, faire revenir l'orge, ajouter la brunoise de légumes et l'échalote, continuer à faire revenir sans coloration puis mouiller avec le fond de volaille et le bouillon de légumes, ajouter les haricots blancs, faire cuire à feu très doux

20 gr	de viande séchée
0,2 dl	d'huile d'olive

retirer 1 dl de liquide, ajouter la viande séchée, mixer le tout avec 0,3 dl d'huile d'olive et mettre dans un émulsionneur avec 2 capsules de gaz, servir dans des tasses à café, surmonter de la mousse de viande séchée, décorer avec un peu de brunoise de viande séchée

friole de cuisses de grenouilles en velours de salsifis et truffe blanche

pour 4 pers.

24	paires de cuisses de grenouilles	désosser les grenouilles, réserver les chairs et faire un fond avec les os
20 gr	de beurre clarifié	
1	échalote	pour le fond, faire revenir les os dans le beurre clarifié, ajouter les légumes coupés en paysanne, la garniture aromatique et déglacer avec le vin blanc, mouiller avec le fond de légumes, laisser cuire 20 min et filtrer, réduire de moitié
1	gousse d'ail	
1	blanc de poireau	
1	carotte	
1/2	céleri	
2	champignons de paris	
1	garniture aromatique (1 feuille de laurier, 1 branche de thym, clou de girofle)	
1 dl	de vin blanc	peler les salsifis et les couper en brunoise, mettre dans un peu d'eau additionnée de vitamine c
2 dl	de bouillon de légumes	
2	salsifis	
1 c à c	de vitamine c ou jus de citron	nettoyer la truffe avec un chiffon humide et peler délicatement, réserver la peau pour la sauce
1	truffe blanche	
1 c à c	de beurre frais	faire revenir 2 c à s de brunoise de salsifis dans le beurre frais, déglacer avec 2 dl de fond, laisser cuire, réduire de moitié et émulsionner avec 0,3 dl d'huile d'olive et la peau de truffe, rectifier l'assaisonnement
0,3 dl	d'huile d'olive	
1 c à s	de beurre clarifié	rissoler les grenouilles dans une poêle antiadhésive avec 1 c à s de beurre clarifié, terminer la cuisson avec 10 gr de beurre frais
10 gr	de beurre frais	
10 gr	de beurre	dresser la brunoise de salsifis juste tombée au beurre, saler, poivrer, déposer les cuisses de grenouilles et accompagner de l'émulsion, recouvrir de quelques tranches de truffes blanches
	poivre noir	
	fleur de sel	

on peut garnir de quelques tranches fines de salsifis frites au beurre clarifié

millefeuille de cuisses de grenouilles et taro aux délices des bois

pour 4 pers.

2	douzaines de grenouilles
1	pincée de farine
1 c à s	de crème à 45%
1	demi-citron

désosser les cuisses de grenouilles, fariner légèrement, crémer, ajouter un filet de jus de citron, réserver

1	taro de 200 gr (racine exotique d'origine polynésienne)
2 dl	de graisse de coco

peler et tailler le taro à la trancheuse ou à la mandoline en rondelles, le plus fin possible, chauffer la graisse de coco à 160° et frire puis réserver sur un papier ménage

100 gr	de cornes d'abondance
100 gr	de chanterelles d'automne
100 gr	de bolets

nettoyer les champignons avec un papier ménage humide
parer et couper les champignons en quartiers, réserver, ciseler en brunoise les parures soit 50gr de bolets, 50gr de cornes d'abondance

1 c à s	d'échalote ciselée
20 gr	de beurre
1 dl	de vin blanc
1 dl	de fond de grenouille
1 dl	d'huile d'olive

faire revenir 1 c à s d'échalote ciselée dans une noix de beurre, ajouter les champignons ciselés, continuer à faire revenir, déglacer avec le vin blanc, mouiller avec le fond de grenouille, réduire de moitié et émulsionner à l'huile d'olive

1 c à s	de beurre clarifié
4 c à s	cerfeuil ciboulette et persil plat ciselés fleur de sel, poivre du moulin

sauter les grenouilles, puis les champignons au beurre clarifié, saler, poivrer, ajouter les fines herbes

monter les millefeuilles en intercalant les champignons et les grenouilles avec les tranches de taro frites
dresser avec l'émulsion de champignons

cassolette d'escargots à l'épiaire

pour 4 pers.

2	douzaines d'escargots
3 c à s	de vinaigre

laisser dégorger les escargots dans de l'eau salée durant une nuit, les blanchir 3 fois dans de l'eau vinaigrée sans porter à ébullition

2 dl	de bouillon de légumes
1	bouquet aromatique
100 gr	de tête de veau cuite
2 c à s	de mélange d'herbes (persil, cerfeuil, céleri-branche)
80 gr	beurre de vin jaune
2 c à s	de bouillon de volaille
1	tomate confite

recouvrir les escargots d'un bouillon de légumes additionné d'un bouquet aromatique (laurier, thym, romarin, benoîte urbaine ou girofle) laisser mijoter dans un four à 150° durant env. 12 heures puis égoutter, ajouter la tête de veau coupée en petits dés de 5 mm, le mélange d'herbes, le beurre de vin jaune, la tomate confite en dés, le bouillon de volaille, couvrir et remettre 20 min au four à 100°

30	jeunes feuilles d'épiaire
1 dl	de bouillon de légumes

pendant ce temps, infuser env. 10 feuilles d'épiaire dans un peu de bouillon de légumes bouillant et filmer, passer puis mixer la moitié avec env. 10 feuilles d'épiaire fraîchement ciselées et rajouter cette préparation aux escargots

1 c à c	de lécithine

pour la mousse, émulsionner le reste des feuilles d'épiaire avec l'autre partie de bouillon d'épiaire à la lécithine

raviolis de ricotta au tussilage

pour 4 pers.

farce

50	fleurs de tussilage
1 c à s	d'huile d'olive
200 gr	de ricotta
1	jaune d'œuf
1 c à s	de crème
	fleur de sel
	poivre noir
1	pincée de piment

200 gr	de pâte à ravioli
	voir recettes de base

sauce

1 dl	de fond de légumes
30 gr	de tussilage
20 gr	de ricotta
0,3 dl	d'huile d'olive
	fleur de sel
	poivre noir
1	pincée de piment

faire tomber les pétales jaunes des fleurs de tussilage dans 1 c à s d'huile d'olive, laisser refroidir, puis mélanger avec la ricotta, le jaune d'œuf, la crème, assaisonner de fleur de sel, poivre noir et piment

abaisser la pâte le plus fin possible, farcir de la préparation précédente et former les raviolis

chauffer le bouillon de légumes, puis émulsionner, assaisonner de fleur de sel, poivre noir et piment

cuire les raviolis à grande eau frémissante et servir avec la sauce tussilage

paupiette de coquelicot au lard du toggenburg

pour 4 pers.

12	coquelicots en boutons	retirer l'enveloppe velue des boutons de fleurs
100 gr	de lard du toggenburg	parer et couper le lard en tranches fines, envelopper chaque bouton dans une tranche de lard et réserver
1 dl	de bouillon de légumes	chauffer le bouillon de légumes et mixer avec 12 boutons de coquelicots, ajouter le jus de truffe, le jus de volaille, émulsionner avec l'huile d'olive et ajouter l'huile d'amande, saler, poivrer, réserver
12	coquelicots en boutons	
1 c à c	de jus de truffe	
1 c à c	de jus de volaille	
0,3 dl	d'huile d'olive	
2	gouttes d'huile d'amande	
20 gr	de beurre clarifié	dans une poêle, rôtir les paupiettes au beurre et dresser sur la sauce aux coquelicots
	fleur de sel	
	poivre noir	

les aubergines farcies de ma maman

pour 4 pers.

4	aubergines
4	tomates
1	gousse d'ail
1	échalote
60 gr	de fromage de brebis râpé
6	feuilles de basilic
1 c à s	d'origan frais ou de marjolaine
1 c à c	d'origan séché de montagne quelques feuilles de persil plat, piment
3 c à s	d'huile d'olive fleur de sel poivre noir

couper les aubergines en deux, quadriller la chair avec la pointe d'un couteau sans couper la peau, saler, laisser tirer 1 h env. éponger

peler, retirer les pépins des tomates et les couper en concassé

peler, retirer le germe de l'ail et l'écraser
peler et ciseler l'échalote

mélanger le tout, ajouter le fromage, le basilic et le persil ciselé, l'origan frais et séché, une pointe de piment, le poivre noir, l'huile d'olive

farcir les aubergines en ayant soin de faire pénétrer la farce dans les fentes

cuire au four à 200° env. 40 min

chaud-froid de mont-d'or et truffes noires aux topinambours

pour 4 pers.

2	truffes noires
200 gr	de topinambours
2	échalotes
1	gousse d'ail
1 c à s	d'huile d'olive
3 dl	de fond de légumes
0,5 dl	d'huile d'olive
0,3 dl	de jus de truffe
1	petit vacherin mont-d'or
	fleur de sel
	poivre noir

peler et couper les truffes en cubes de 3 mm ou en rondelles de 1 mm, réserver et garder les pelures

emballer chaque topinambour dans une feuille d'aluminium et les confire au four à 220° pendant 1 h 30 env.

faire revenir les échalotes et l'ail dégermé et émincé dans l'huile d'olive, mouiller avec le fond de légumes, ajouter les topinambours confits et hachés grossièrement, les pelures de truffes et mixer, monter à l'huile d'olive et ajouter le jus de truffe, rectifier l'assaisonnement avec de la fleur de sel et du poivre noir, ajouter les truffes en cubes
servir chaud avec une quenelle de mont-d'or à température ambiante

poissons
crustacés
& coquillages

huîtres tourbées à l'échalote confite et verjus

pour 4 pers.

24	huîtres
2 c à c	de jus de truffe
1 c à c	de whisky tourbé
0,3 dl	d'huile d'olive

2	échalotes grises confites
1 c à c	de verjus
1 c à s	d'huile d'olive
1 c à c	de whisky
	poivre noir

ouvrir les huîtres, retirer la première eau

ébarder et conserver les barbes, réserver les noix

récupérer le jus d'huîtres, mixer avec les barbes et l'huile d'olive, poivrer, ajouter quelques gouttes de whisky, le jus de truffe, mettre dans un émulsionneur, gazer avec 1 à 2 capsules, secouer et mettre au frais

ciseler les échalotes confites, assaisonner avec le verjus, l'huile d'olive, whisky et poivre, déposer les huîtres sur l'échalote et recouvrir de mousse

ciselé de féra à l'égopode

pour 4 pers.

400 gr	de filet de féra
	des œufs de féra
30 gr	de sel gris
8	pois mange-tout
1 c à c	d'huile d'olive
2	feuilles de persil plat
10	pousses d'égopode
1/2 c à c	de citron confit ciselé
2 c à s	d'huile d'olive
	quelques gouttes d'huile de carotte sauvage
0,5 dl	de vin blanc
1 dl	de fond de poisson
	mignonnette de poivre
1/2	échalote
20 gr	de caviar de féra
10	pousses d'égopode
	quelques gouttes d'huile d'amande
20	pousses d'égopode
	fleur de sel
	poivre noir

saler les filets de féra avec le sel gris pendant 10 min, rincer et essuyer retirer les arêtes à l'aide d'une pince, ciseler les filets et réserver

ciseler les pois mange-tout en brunoise, faire tomber dans l'huile d'olive, réserver

ciseler 2 feuilles de persil, 10 feuilles d'égopode, mélanger à la féra ciselée, ajouter le citron confit, l'huile d'olive, l'huile de carotte sauvage, les mange-tout, puis former des quenelles ou mettre en forme et réserver au frais

réduire le vin blanc et le fond de poisson avec une 1/2 échalote ciselée et un peu de mignonnette de poivre, filtrer et séparer en deux, émulsionner une moitié avec les œufs de féra et l'autre moitié avec l'égopode, parfumer de quelques gouttes d'huile d'amande

dresser avec les deux sauces et quelques pousses d'épode juste salées à la fleur de sel et légèrement huilées à l'huile d'amande

on peut accompagner d'une salade de carottes confites, voir la recette de strudel de langoustine à l'huile de carotte sauvage

voir recettes de base

caviar osciètre et pommes de terre rattes à la crème de berce

pour 4 pers.

300 gr de pommes de terre rattes
0,5 dl d'huile d'olive
1 c à s de citron confit en brunoise

120 gr de caviar osciètre
1 dl de crème de berce
voir recettes
fleur de sel
poivre noir

cuire les rattes en robe à la vapeur, les peler et passer au tamis, monter à l'huile d'olive, assaisonner de fleur de sel, poivre noir et citron confit

foncer de cette préparation précédente 4 petits moules sur 1 cm d'épaisseur, couvrir de caviar
retirer les moules, saucer avec la crème de berce froide ou chaude

on peut remplacer la crème de berce par une crème de chou-fleur ou une crème de petits pois

voir recettes de base

duo de st-jacques et huîtres aux truffes

pour 4 pers.

8	st-jacques
8	huîtres
1 dl	de vin blanc sec
1	poireau
1	truffe en lamelles
1 c à s	de jus de truffe
0,3 dl	d'huile d'olive

retirer les st-jacques de leur coquille, ébarber et réserver

retirer les huîtres de leur coquille, ébarber, conserver les barbes pour la sauce et réserver les noix

filtrer le jus des huîtres, ajouter le vin blanc et pocher les noix d'huîtres le temps d'une ébullition, retirer et réserver

effeuiller le blanc de poireau et le blanchir à l'eau salée, refroidir et tapisser le fond du moule (env. 15 cm) en le laissant dépasser de façon à pouvoir recouvrir la terrine

couper les noix de st-jacques en quatre, assaisonner et dresser dans la terrine, recouvrir de lamelles de truffe, déposer les huîtres et recouvrir de st-jacques, refermer avec le poireau et mettre sous vide, à défaut, emballer dans du cellophane et mettre sous presse

cuire à la vapeur 30 min à 56° ou 1 h à 130° dans un four conventionnel

glisser au frigo une nuit

vinaigrette

1 c à s	jus de truffe
2 c à s	huile d'olive
1 c à s	de verjus
	fleur de sel
	poivre noir

reprendre le fond de cuisson des huîtres et mixer avec les barbes, ajouter le jus de truffe et émulsionner avec 0,3 dl d'huile d'olive, saler et poivrer

couper la terrine en tranches de 1 cm, à l'aide d'un pinceau lustrer avec la vinaigrette, dresser et accompagner de sauce aux huîtres

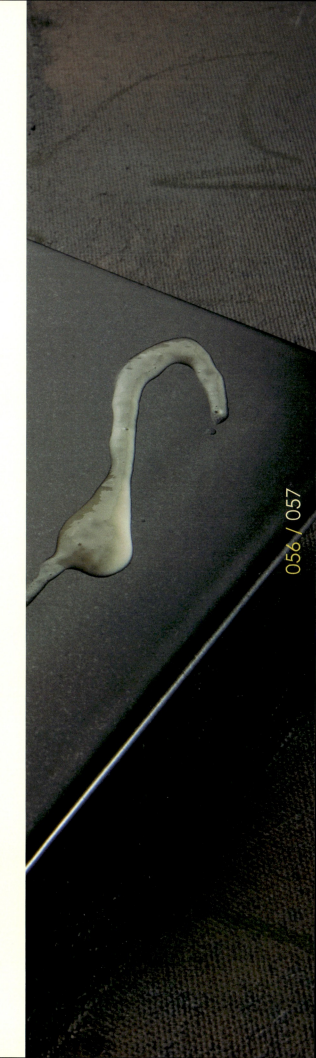

frivolité de thon et lard d'arnad aux huîtres

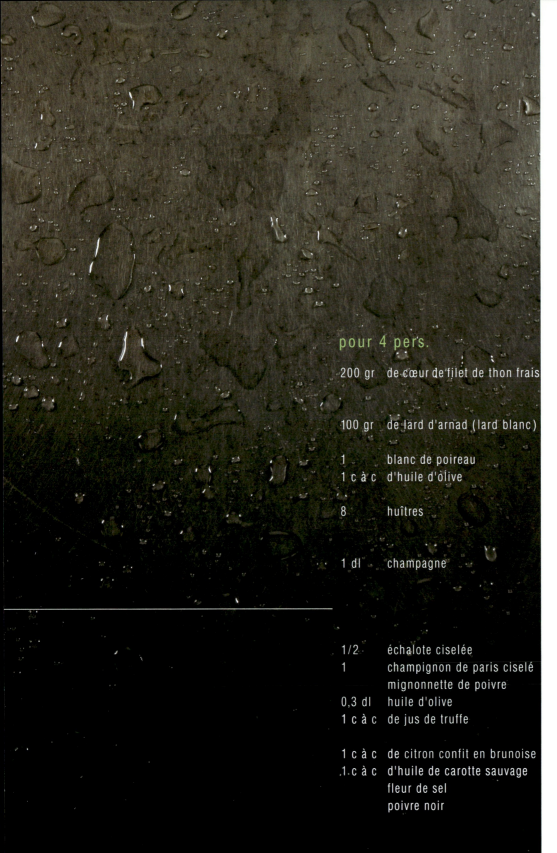

pour 4 pers.

200 gr	de cœur de filet de thon frais
100 gr	de lard d'arnad (lard blanc)
1	blanc de poireau
1 c à c	d'huile d'olive
8	huîtres
1 dl	champagne
1/2	échalote ciselée
1	champignon de paris ciselé
	mignonnette de poivre
0,3 dl	huile d'olive
1 c à c	de jus de truffe
1 c à c	de citron confit en brunoise
1 c à c	d'huile de carotte sauvage
	fleur de sel
	poivre noir

tailler le thon en escalopes fines de 2mm en prenant garde de retirer les parties blanches
retirer la couenne du lard

couper le poireau en brunoise et le faire tomber dans une 1 c à c d'huile d'olive

ouvrir les huîtres et les ébarber, conserver les barbes et jeter la première eau nettoyer les noix et filtrer l'eau, ajouter 1 dl de champagne, porter à ébullition et pocher les noix le temps d'une ébullition, retirer et couper en dés de 5mm, réserver

dans le fond de cuisson, ajouter l'échalote et le champignon de paris ciselé, de la mignonnette de poivre noir, faire réduire, filtrer et émulsionner avec les barbes, l'huile d'olive et jus de truffe

mélanger le poireau tombé, les huîtres, le citron confit, l'huile de carotte sauvage, assaisonner de sel et poivre

dans un papier cellophane, former un rectangle de thon, recouvrir de lard et garnir d'huîtres en salade, former un cigare et mettre au frais
déballer du cellophane et servir avec la sauce aux huîtres

gelée de homard | en crème de petits pois parfumée aux fruits de berce

pour 4 pers.

1	homard vivant de 600 gr	couper la tête du homard en deux, couper la queue puis les pinces, le châtrer en retirant les intestins, faire rôtir la queue dans 1 c à s d'huile d'olive et réserver
2 c à s	huile d'olive	
		renouveler l'opération avec les pinces, décortiquer le tout et réserver
4 c à s	petits pois blanchis et pelés	faire revenir les petits pois dans 1 c à c d'huile d'olive sans coloration, réserver
1 c à c	d'huile d'olive	
1	carotte	mixer les carcasses, faire revenir les légumes coupés en paysanne, ajouter les carcasses, faire revenir le tout, déglacer avec le vin blanc sec, mouiller à hauteur avec 2 dl de bouillon de légumes, ajouter le bouquet aromatique, laisser cuire 20 min à feu doux, rectifier l'assaisonnement
1	oignon	
1/4	de céleri	
1	blanc de poireau	
1	gousse d'ail écrasée	
1 c à s	d'huile d'olive	
2 dl	vin blanc sec	
2 dl	de bouillon de légumes	
1	bouquet aromatique (thym, laurier, benoîte ou girofle et queues de persil)	passer à travers une bande de coton hydrophile ou une étamine, ajouter 2 c à c rases d'agar-agar et cuire 2 min puis couler sur une plaque d'une épaisseur de 1 mm, mettre au frais
2 c à c	d'agar-agar	
1 c à s	d'huile d'olive	couper la chair du homard en dés de 5 mm, assaisonner de fleur de sel et de poivre noir, huile d'olive, ajouter quelques petits pois blanchis et pelés, réserver
1 c à s	d'huile d'olive	dans la gelée prise, couper 4 rectangles de 10 cm sur 6 cm à l'aide de papier film, farcir en formant des cannellonis, mixer les petits pois avec un peu de bouillon de légumes, monter à l'huile d'olive, assaisonner sel et poivre,
2 c à s	de crème double	
4	graines de berce	
	fleur de sel	
	poivre noir	
		parfumer 2 c à s de crème double avec les graines de berce, saler, poivrer
		chauffer les cannellonis à la vapeur à 60° ou au four conventionnel à 100°, servir avec la crème de petits pois et la crème de berce

bernicles juste tièdes aux artichauts poivrade

pour 4 pers.

24	bernicles (patelles, berniques ou chapeaux chinois)
1 dl	de fond de poisson
0,3 dl	d'huile d'olive
	verjus (ou jus de citron vert)
	piment d'espelette

nettoyer et extraire les bernicles à l'aide d'un couteau d'office, les rincer délicatement, puis les taper avec une batte, réserver

mixer les barbes avec un peu de fond de poisson et 1/3 d'huile d'olive, saler et poivrer, ajouter un peu de piment d'espelette et de verjus, réserver

4	artichauts cuits en barigoule
1	courgette
4	filets de tomate confite
1 c à c	de zeste de citron confit ciselé
2	feuilles de basilic
2 c à s	d'huiles d'olive
	fleur de sel
	poivre noir

nettoyer les artichauts, les couper en quartiers

peler la courgette et couper les peaux tombées en julienne de 1cm de long, couper les filets de tomate en petit dés, mélanger aux peaux de courgette, ajouter le basilic ciselé, le piment d'espelette, le citron confit, l'huile d'olive, assaisonner de fleur de sel et poivre noir, réserver

dans une poêle, faire revenir les bernicles dans un peu d'huile d'olive, en prenant garde de ne pas trop les cuire

dresser sur les artichauts tièdes avec la vinaigrette de courgette et la sauce aux bernicles

croustillant de langoustine | au jus de carotte rouge et pamplemousse rose parfumé au carvi

pour 4 pers:

4	langoustines	décortiquer les langoustines en prenant soin de laisser le dernier anneau, châtrer en retirant l'intestin
50 gr	de racine de manioc	peler le manioc et le couper en brunoise de 1 mm puis paner de cette brunoise le dos des langoustines, réserver
1	carotte rouge (betterave) crue	peler la carotte rouge, la passer à la centrifugeuse ajouter la racine de primevère et la benoîte urbaine, le poivre noir, le jus d'orange, réduire à chaud de 3/4 ajouter le verjus, saler, poivrer et monter légèrement au beurre
1 càc	de racine hachée de primevère	
1 càs	de racine hachée de benoîte urbaine	
2 càs	de verjus	
1	orange	
20 gr	de beurre	
	fleur de sel	
	poivre noir	
2	pamplemousses roses	passer un pamplemousse au presse-agrumes, faire réduire le jus avec le carvi jusqu'à l'état légèrement sirupeux, retirer les filets de l'autre pamplemousse et les faire chauffer légèrement dans le jus, ajouter l'huile d'olive, réserver
20	graines de carvi	
1 càc	d'huile d'olive	
1 càs	beurre clarifié	préchauffer une poêle antiadhésive et rôtir les langoustines dans le beurre clarifié, saler et badigeonner d'huile d'olive parfumée
1 càs	d'huile d'olive parfumée	
		dresser la sauce et le pamplemousse, disposer les langoustines

friole d'ormeau aux asperges et tussilage

pour 4 pers.

4	ormeaux
1 c à c	zeste de citron confit (voir recettes de base)
1 c à c	d'huile d'olive
	fleur de sel
	poivre npir

décoquiller les ormeaux, les débarrasser des barbes et nettoyer en frottant avec une éponge abrasive neuve pour retirer la partie noire, taper les noix entre deux plastiques à l'aide d'une batte ou avec le revers d'une casserole, tailler des escalopes les plus fines possible, puis retaper entre deux feuilles de plastique (chemise), tailler en julienne, assaisonner de fleur de sel et de poivre noir, de zeste de citron confit et d'huile d'olive

avec cette masse, former des petites pelotes à l'aide d'un papier film, cuire 20 min dans un four vapeur à 56°

1 dl	de vin blanc
1	échalote
1 dl	de fond de poisson
	mignonnette de poivre noir

faire réduire le vin blanc avec l'échalote ciselée, la mignonnette de poivre noir, mouiller avec le fond de poisson, réduire de 2/3, réserver

20 gr	de beurre
16	fleurs de tussilage
0,3 dl	d'huile d'olive
	fleur de sel
	poivre noir

faire tomber dans un peu de beurre 16 fleurs de tussilage (seulement les pétales jaunes) mouiller avec le fond de poisson et émulsionner avec env. 1/3 du volume en huile d'olive, rectifier l'assaisonnement, réserver

4	asperges
16	fleurs de tussilage
20 gr	de beurre frais

peler les asperges et les couper en fines tranches dans le sens de la longueur à l'aide d'une mandoline ou de l'éplucheur, les faire tomber dans un peu de beurre frais, assaisonner, faire tomber le reste des pétales de fleurs de tussilage

disposer les asperges et les pelotes d'ormeau, la sauce et les fleurs de tussilage

filets de perche en velours de doucette et citron vert

pour 4 pers.

1	citron vert	peler la moitié du citron vert à vif, couper les filets en dés, réserver
24	filets de perche	mariner les filets de perche dans la crème additionnée d'un filet de citron, réserver
1 c à s	de crème double	
1 dl	de fond de poisson	réduire de moitié le vin blanc et le fond de poisson avec l'échalote, le champignon de paris et une mignonnette de poivre, ajouter la doucette et mixer, émulsionner avec l'huile d'olive, assaisonner de fleur de sel et un filet de jus de citron vert
1 dl	de vin blanc	
1	échalote ciselée	
1	champignon de paris haché	
50 gr	de doucette ciselée (rampon)	
0,3 dl	d'huile d'olive	
	jus de citron vert	
20 gr	de beurre clarifié	préchauffer une poêle antiadhésive et rôtir les filets de perche dans le beurre clarifié côté chair, les retourner, finir la cuisson avec le beurre frais, retirer les filets, ajouter les dés de citron vert et le persil, faire mousser et verser sur les filets de perche
20 gr	de beurre frais	
2 c à s	de persil plat ciselé	
	poivre noir	
	fleur de sel	

disposer les filets de perche avec un peu de beurre et la garniture de citron, accompagner de la sauce à la doucette

nonnette de st-jacques truffe blanche et salsifis

pour 4 pers.

4	coquilles st-jacques	décoquiller les st-jacques, réserver les noix, retirer les coraux, les rincer, et réserver les barbes
1	échalote	ciseler l'échalote, la jeter dans une sauteuse, ajouter le vin blanc, le fond de poisson, le champignon de paris ciselé, les barbes de st-jacques, un peu de poivre en mignonnette, laisser réduire de moitié, filtrer
1 dl	de vin blanc	
2 dl	de fond de poisson	
1	champignon de paris poivre mignonnette	
1	truffe blanche de 30 gr	laver et peler, couper la moitié en julienne et réserver l'autre moitié, garder les épluchures
2	salsifis	laver et peler les salsifis, les couper en brunoise, dans l'huile d'olive les faire revenir sans coloration, réserver la moitié et mettre l'autre moitié dans le fond de cuisson et mixer en ajoutant les pelures de truffe, puis monter avec 0,3 dl d'huile d'olive
1 c à s	d'huile d'olive	
0,3 dl	d'huile d'olive	
	fleur de sel poivre noir	couper les noix de st-jacques en julienne, assaisonner de sel et de poivre, ajouter 2 c à s de salsifis en brunoise tombé dans 1 c à s d'huile d'olive, la moitié de la truffe en julienne fine, former des quenelles et déposer dans une assiette, recouvrir de cellophane et cuire 20 min au four à 120°
		servir avec la sauce salsifis et râper quelques tranches de truffe blanche, ainsi que le reste des salsifis en brunoise
1	salsifis	on peut décorer avec quelques fines tranches frites de salsifis: laver les salsifis avec une éponge abrasive neuve (scotch brite) et couper les tranches à la mandoline, frire dans du beurre clarifié
50 gr	de beurre clarifié	

soupe d'huîtres à la truffe noire

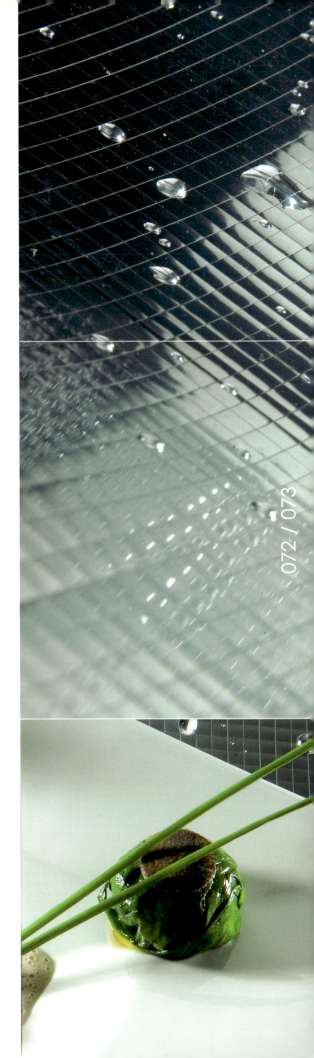

pour 4 pers.

24	huîtres plates ou roumégous	ouvrir les huîtres en jetant la première eau, ébarber en réservant les barbes
1	truffe de 40 gr	brosser la truffe, couper 24 tranches de 1 mm, les recouper à l'emporte-pièce de la grosseur d'une pièce de 1 franc, tailler les chutes en brunoise
1 dl	de champagne	filtrer l'eau des huîtres, ajouter le champagne, l'échalote et le champignon de paris ciselés, porter à ébullition, passer, remonter à ébullition et plonger les noix d'huîtres le temps d'une ébullition, retirer et réserver
1	échalote	
1	champignon de paris	
50	feuilles de jeunes épinards	blanchir les épinards, tomber la brunoise de poireau dans l'huile d'olive, ajouter la brunoise de truffe, assaisonner de sel et poivre
1	blanc de poireau en brunoise	
1 c à c	d'huile d'olive	
		déposer dans chaque feuille d'épinard 1 c à c de poireau et truffe et une noix d'huître, refermer disposer dans une assiette huilée, couvrir de cellophane et mettre au four à vapeur à 56° pendant 8 min
2 c à s	de fond de poisson	pendant ce temps, réduire le fond de cuisson, retirer du feu, ajouter les barbes, 2 c à s de fond de poisson réduit en gelée, ajouter le jus de truffe, émulsionner avec l'huile d'olive, rectifier l'assaisonnement
1 c à s	de jus de truffe	
0.5 dl	d'huile d'olive	
	fleur de sel	servir la soupe en déposant les balluchons d'huître dessus, surmonter d'une tranche de truffe juste huilée à l'huile d'olive et un peu de fleur de sel
	poivre noir	

moules de bouchot au tussilage et pommery summertime

pour 4 pers.

1	blanc de jeune poireau
1	carotte
1	courgette
1	céleri
1	échalote
1	piment oiseau
2 c à s	d'huile d'olive
2 l	de moules
2 c à s	de tussilage en purée
2 dl	de champagne pommery summertime
1 dl	crème à 45%
1	citron vert
1	noix de beurre

couper env. 100 gr de julienne de légumes avec le blanc de poireau, la peau de courgette, la carotte et le céleri

ciseler l'échalote, épépiner le piment oiseau et le couper en brunoise

chauffer un rondeau, y verser 2 c à s d'huile d'olive, ajouter les moules, la julienne de légumes, l'échalote ciselée, un soupçon de piment, et déglacer avec le champagne, le tussilage en purée, couvrir immédiatement, laisser cuire 2 min

retirer les moules, crémer, laisser réduire un instant, ajouter un filet de citron vert, monter légèrement au beurre, remettre les moules, mélanger et servir

gaufrette de st-jacques en duo de truffe et mélilot

pour 4 pers.

4	coquilles de st-jacques	retirer les noix de st-jacques des coquilles, les nettoyer et couper les noix en rondelles de 5mm d'épaisseur, réserver
1	pomme de terre agria ou bintje	peler la pomme de terre et la couper en pommes gaufrettes à l'aide d'une mandoline, les faire tomber dans une sauteuse avec le beurre clarifié, pour éviter qu'elles ne noircissent
2 c à s	de beurre clarifié	
1	truffe de 30 gr	peler la truffe, hacher les pelures et les ajouter dans le fond de poisson, puis couper la truffe en tranches de 1mm et intercaler une tranche de truffe entre 2 tranches de st-jacques; recouvrir d'une gaufrette de pomme de terre de chaque côté, réserver

sauce

1 c à s	de jus de volaille	rincer les barbes des st-jacques et les rajouter au fond de poisson avec l'échalote ciselée, le dl de vin blanc et la mignonnette de poivre noir, laisser cuire 5min puis filtrer et laisser réduire de moitié, ajouter le jus de volaille, le mélilot et le jus de truffe, mixer avec l'huile d'olive, saler, poivrer
1 dl	de fond de poissons	
1 dl	de vin blanc sec	
1	échalote	
1 c à c	de poudre de fleur de mélilot	
0,3 dl	d'huile d'olive	
	quelques salsifis cuits au naturel	dans une poêle antiadhésive, rôtir les st-jacques de chaque côté avec 1 c à s de beurre clarifié, servir avec la sauce mélilot et quelques salsifis rôtis au beurre frais
10 gr	de beurre frais	
	poivre noir en mignonnette	
	fleur de sel	

filet de rouget en écailles d'aubergine et son huile de basilic

pour 4 pers.

4	filets de rouget	retirer les arêtes à l'aide d'une pince
1	aubergine	tailler l'aubergine en écailles de 1mm
2	feuilles de basilic	d'épaisseur, assaisonner les filets de
	fleur de sel	basilic ciselé, sel et poivre
	poivre noir	disposer les écailles d'aubergine, réserver

sauce

10	feuilles de basilic	ciseler le basilic, ajouter le fond de poisson,
1 dl	de poisson	saler, poivrer, pimenter, joindre un
1	citron vert	filet de jus de citron et émulsionner à
0,3 dl	d'huile d'olive	l'huile d'olive
	fleur de sel	
	poivre noir	
	piment oiseau	
1 c à s	de beurre clarifié	rôtir au beurre les filets de rouget côté écailles, servir avec la sauce basilic

accompagner d'une ratatouille ou d'un caviar d'aubergine

078 / 079

filet de rouget en écailles de taro et duo de jabugo et choux de bruxelles

pour 4 pers.

2	rougets	lever les filets de rouget, extraire les arêtes à la pince, réserver au frais
1	petite racine de taro (racine exotique d'origine polynésienne)	peler la racine de taro, couper en tranches très fines (trancheuse ou mandoline) découper à l'emporte-pièce des rondelles de 6 à 7 mm de diamètre, en recouvrir les filets côté peau en imitant les écailles, réserver au frais

sauce jabugo

1/2	échalote ciselée	dans une sauteuse, chauffer le vin blanc et l'échalote, ajouter le fumet de poisson, réduire de moitié, mixer avec 0,3 dl d'huile d'olive et le jabugo coupé en brunoise. rectifier l'assaisonnement avec un peu de piment d'espelette moulu et de fleur de sel
0,5 dl	de vin blanc	
0,5 dl	fumet de poisson	
0,3 dl	huile d'olive	
20 gr	de jambon jabugo piment d'espelette fleur de sel	

sauce choux de bruxelles

1/2	échalote ciselée	dans une sauteuse, faire tomber l'échalote et les choux de bruxelles ciselés, déglacer au vin blanc, réduire de moitié, ajouter le fond de légumes, réduire à nouveau de moitié, émulsionner avec l'huile d'olive, saler poivrer
2	choux de Bruxelles	
0,5 dl	de fond de légumes	
0,5 dl	de vin blanc	
0,4 dl	d'huile d'olive fleur de sel, poivre noir	

rôtir les filets de rouget côté écailles de taro dans une poêle antiadhésive puis dresser avec les deux sauces

4	choux de bruxelles en brunoise	garnir d'une brunoise de choux de bruxelles tombée à cru dans 1 c à s d'huile d'olive
1 c à s	d'huile d'olive	

duo de rouget et tête de veau
aux cèpes à l'infrarouge et huile de persil

pour 4 pers.

4	filets de rouget
4	petits cèpes (petit bouchon)
60 gr	de tête de veau cuite
4	feuilles de persil plat
3	feuilles de céleri
1 c à s	huile d'olive
	quelques gouttes d'huile d'amande
1 c à s	huile d'olive
1	branche de thym
1 dl	de fond de légumes
0,3 dl	huile d'olive
	quelques gouttes d'huile d'amande
2 c à s	de glace de rouget
	fleur de sel
	poivre noir

retirer les arêtes des filets de rouget à l'aide d'une pince, réserver

nettoyer les cèpes avec un papier humide, couper les têtes et les trancher en lamelles de 1 mm d'épaisseur, réserver couper les pieds des cèpes et la tête de veau en brunoise de 3 mm

ciseler 4 feuilles de persil et 3 feuilles de céleri, mélanger le tout, assaisonner de fleur de sel et poivre, ajouter 1 c à s d'huile d'olive ainsi que quelques gouttes d'huile d'amande, réserver
couper les filets de rouget sur leur largeur en tranches de 5mm et reformer chaque filet en intercalant une tranche de cèpe entre chaque tranche de rouget

dans un moule ovale ou se rapprochant le plus possible de la forme du rouget, déposer dans le fond 1 c à s de mélange de brunoise de cèpes et tête de veau, puis déposer par-dessus les filets, saler et poivrer, badigeonner d'huile d'olive, ajouter quelques pluches de thym, réserver

mixer le persil et le fond de légumes avec 10 gr de gélatine de tête de veau, puis émulsionner avec l'huile d'olive, saler et poivrer, ajouter quelques gouttes d'huile d'amande
passer les rougets 2 min env. sous la salamandre et dresser avec l'huile de persil et un cordon de glace de rouget

pressé d'aile de raie en nage de coquillages

pour 4 pers.

2	raies bouclées
8	couteaux
8	amandes (coquillages)
8	coques

retirer la peau des raies, lever les filets en réservant les arêtes, mettre au sel 5 min, rincer, essuyer, réserver, ouvrir les coquillages, conserver le jus, ébarber, réserver

100 gr	de mirepoix
1 c à s	d'huile d'olive
1 dl	de vin blanc sec
2 dl	de bouillon de légumes
8	pistils de safran
1 c à s	de câpres
1 c à c	d'huile d'olive

faire revenir la mirepoix puis les arêtes dans 1 c à s d'huile d'olive, déglacer avec le vin blanc et mouiller avec le bouillon de légumes ou à défaut de l'eau, laisser cuire à feux doux pendant 20 min et filtrer, clarifier si nécessaire avec 1 blanc d'œuf et un peu de glace
laisser réduire et rectifier l'assaisonnement, ajouter le safran et les câpres, le jus des coquillages et l'huile d'olive, réserver

couper les filets de raie en 8 escalopes aux dimensions de vos moules sans fond de 6 cm de diamètre, détailler les chutes en dés de 1 mm et réserver

1 c à s	d'huile d'olive
1/2 c à c	de citron confit
1 c à s	de persil et cerfeuil ciselés

mélanger la moitié des coquillages aux dés de raie, assaisonner de sel et poivre, ajouter l'huile d'olive, un peu de citron confit en brunoise, le persil et le cerfeuil ciselés dans les moules, monter l'ensemble en intercalant les escalopes de raie et le mélange de coquillages, mettre sous vide ou à défaut emballer de cellophane, cuire au four à vapeur 13 min env. à 56° ou 30 min à 130° dans un four conventionnel

2	endives
1 c à c	d'huile d'olive

couper les endives en julienne et faire tomber dans l'huile d'olive, dresser dans le fond des assiettes, déposer les raies, chauffer la nage, ajouter les coquillages, ne pas les cuire et verser sur la raie

duo de cabillaud et thon en saté de pistache et marinière de coquillages

pour 4 pers.

160 gr	de dos de cabillaud	couper 4 tranches de dos de cabillaud, inciser puis nicher à l'intérieur de chaque tranche un morceau de thon
60 gr	de thon	huiler une assiette déposer les morceaux de cabillaud, assaisonner de sel et poivre, couvrir avec un cellophane et cuire au four à 120° 15 min env.
100 gr	de manioc	couper le manioc en brunoise, paner une des faces du cabillaud (la plus plate) et réserver
50 gr	de coques	
50 gr	d'amandes	ouvrir les coquillages, les ébarber, assaisonner avec le zeste de citron confit en brunoise, 1 c à s d'huile d'olive, sel et poivre, réserver et conserver le jus
50 gr	de couteaux	
1 c à c	de zestes de citron confit	
1 c à s	d'huile d'olive	
1	échalote	ciseler l'échalote, ajouter le fumet de poisson, le vin, une feuille de cafi, 1 cm de citronnelle ciselée, faire réduire de moitié, ajouter le jus des coquillages, réduire d'un tiers et mixer avec les pistaches, ajouter le lait de coco, monter à l'huile d'olive, assaisonner de sel et poivre et de piment oiseau ciselé
1 dl	de fumet de poisson	
1 dl	de vin blanc	
1	feuille de cafi (limonier)	
1	bâton de citronnelle	
20	pistaches mondées	
0,5 dl	de lait de coco	
0,5 dl	d'huile d'olive	
1	piment oiseau	
1 c à s	de beurre clarifié	chauffer une poêle antiadhésive et rôtir les dos de cabillaud dans 1 c à s de beurre clarifié côté manioc, dresser avec la sauce saté et les coquillages tempérés (5 min dans le four à 110°), assaisonner
	fleur de sel	
	poivre noir	

086 / 087

paupiette de st-pierre et thon | au pamplemousse rose et matelote de gingembre

pour 4 pers.

1	blanc de poireau	tailler le blanc de poireau en julienne, blanchir les feuilles de bette, réserver le vert, tailler les côtes en bâtonnets de 2 cm, réserver
2	côtes de bette	

20 gr	de gingembre	peler le gingembre et le tailler en brunoise, faire cuire dans le porto, flamber, mouiller avec le fond de poisson au vin rouge, réduire à l'état sirupeux, ajouter quelques gouttes de verjus, monter légèrement au beurre et réserver
1 dl	porto	
2 dl	de fond de poisson au vin rouge	
	quelques gouttes de verjus	
20 g	de beurre	

1	pamplemousse	peler le pamplemousse à vif, retirer les filets et extraire le reste du jus, chauffer délicatement le tout et dissocier les grains de pamplemousse (poches à jus), les retirer, réduire le jus avec le poivre de séchouan, filtrer et ajouter 1 c à c d'huile d'olive, remettre les grains de jus et réserver
	poivre de séchouan	
1 c à c	d'huile d'olive	

300 gr	de st-pierre	détailler le st-pierre en tranches de 3 mm d'épaisseur, tailler le thon en bandes de 2 cm de côté et dans une feuille de cellophane, former les paupiettes, en déposant le st-pierre puis le thon, assaisonner de sel et poivre du moulin, ajouter la julienne de poireau préalablement tombée avec 1 c à c d'huile d'olive, rouler le tout, assaisonner de sel et poivre du moulin, emballer dans les feuilles de bettes, huiler et cuire dans un four à 120° env. 30 min ou à la vapeur à 60° env. 15 min
100 gr	de thon	

2 c à c	d'huile d'olive	faire tomber les bâtonnets de blanc de côtes de bette dans une sauteuse avec 2 c à c d'huile d'olive, une pincée de sucre et 2 pistils de safran préalablement trempés dans un peu d'eau, une goutte de verjus, saler, poivrer couper les paupiettes en biseau, servir avec la matelote, la sauce pamplemousse et les côtes de bette safranées
2	pistils de safran	
	poivre noir	
	fleur de sel	

strudel de lisette aux moules de bouchot

pour 4 pers.

1	tomate san marzano mûre	peler et couper la tomate en quartiers, retirer les pépins, disposer les filets de tomate dans un plat, badigeonner d'huile d'olive, ajouter une branche de thym, une gousse d'ail et mettre à confire au four à 80° durant 6 h
2 c à c	d'huile d'olive	
1	branche de thym	
1	gousse d'ail	
		couper la tomate en cubes de 3 mm, réserver
2	aubergines blanches	emballer les aubergines séparément dans une feuille d'alu et cuire au four à 200° env. 30 min, les peler et les dépouiller de leurs pépins puis les couper en cubes de 1 cm, réserver
1	courgette	
1 c à c	d'huile d'olive	peler puis couper la peau de la courgette en brunoise faire revenir dans 1 c à c d'huile d'olive, réserver
4	lisettes	lever les filets et enlever les arêtes à l'aide d'une pince, les couper en cubes de 1 cm et réserver au frais
	fleur de sel	
	poivre noir	
		mélanger la lisette, les aubergines, la tomate confite et la peau de courgette en brunoise, saler et poivrer ce mélange et, à l'aide de cellophane, former des cigares de 10 cm de long, réserver
4	feuilles de pâte à strudel	découper des carrés de pâte à strudel de 12 cm de côté, les beurrer des deux côtés avec du beurre clarifié, et emballer les cigares de lisette dont le cellophane aura été enlevé, réserver
4 c à s	de beurre clarifié	

sauce moules

1 c à s	d'huile d'olive	dans un sautoir, chauffer 1 c à s d'huile d'olive, y jeter les moules et l'échalote ciselée, ajouter le vermouth sec, couvrir et laisser cuire jusqu'à ce que les moules soient ouvertes, retirer les moules et les décoquiller puis les débarder, réserver
32	moules de bouchot	
1	échalote	
0,5 dl	de noilly prat (vermouth sec)	
1 dl	de fond de poisson	ajouter au fond de cuisson des moules le fond de poisson, le zeste de citron confit, laisser réduire de moitié, ajouter la moitié des moules, saler et poivrer, mixer en montant à l'huile d'olive, ajouter un filet de jus de citron vert
1 c à c	de zeste de citron confit	
1	citron vert	
0,5	huile d'olive	
2 c à s	de beurre clarifié	
	fleur de sel	dans une poêle antiadhésive rôtir les strudels de lisette dans un peu de beurre clarifié, servir avec la sauce moules, garnir avec les moules restantes
	poivre noir	

filet de rouget à l'huile de lierre terrestre

pour 4 pers.

4	filets de rouget
1	échalote
30 gr	de pignons
0,5 dl	huile d'olive
1	bouquet de lierre terrestre, soit env. 60 feuilles

sauce

1 dl	de vin blanc sec
1	échalote ciselée
1 dl	de fumet de rouget
1 ou 2	feuilles d'ail des ours
0,3 dl	d'huile d'olive.
	quelques gouttes de verjus
	un filet d'huile de lierre terrestre
	fleur de sel
	poivre noir du moulin

retirer les arêtes à l'aide d'une pince

emballer l'échalote dans une feuille d'alu et confire env. 1h 1/2 au four à 200° puis la mixer avec les pignons et l'huile d'olive, saler, poivrer et en tartiner la peau des rougets, recouvrir de quelques feuilles de lierre terrestre

ciseler le solde de feuilles de lierre terrestre

réduire le vin blanc avec l'échalote ciselée, ajouter le fumet, réduire de moitié, ajouter le lierre ciselé puis l'ail des ours, puis mixer avec l'huile d'olive, saler, poivrer, ajouter quelques gouttes de verjus

rôtir les rougets côté peau, assaisonner puis servir avec un filet d'huile de lierre terrestre

dos de lotte piqué d'huîtres rôti au beurre de macis

pour 4 pers.

400 gr	de dos de lotte
16	huîtres belons
1 dl	de vin blanc

mettre le dos de lotte au sel pendant 5 min, rincer et essuyer
ouvrir les huîtres, jeter la première eau, ébarber, réserver les barbes et les noix séparément, filtrer la deuxième eau
rajouter à cette eau 1 dl de vin blanc
pocher le temps d'une ébullition les noix des huîtres, retirer et réserver

détacher l'arête et réserver, puis avec un couteau effilé faire un trou sur la longueur du dos de lotte et le farcir avec les huîtres, poivrer et mettre sous vide ou couvrir de cellophane, cuire 12 min à la vapeur à 60° ou 35 min env. à 130° dans un four conventionnel

1 c à c	d'huile d'olive
100 gr	de mirepoix fine
1 dl	de vin blanc
2 dl	de fumet de poisson
1 c à c	de jus de truffes
0,3 dl	d'huile d'olive
1 c à c	de verjus

faire revenir la mirepoix dans l'huile d'olive, ajouter l'arête de lotte coupée en petits tronçons, continuer à faire revenir, déglacer avec le vin blanc, mouiller avec le fumet de poisson, laisser cuire pendant 20 min, filtrer et laisser réduire de moitié, ajouter les barbes d'huîtres et le jus de truffe, mixer et émulsionner avec 0,3 dl d'huile d'olive, quelques gouttes de verjus, rectifier l'assaisonnement

1 c à c	de beurre clarifié
20 gr	de beurre
1 gr	de macis (enveloppe de muscade)

rôtir le dos de lotte au beurre clarifié, retirer le beurre, finir la cuisson avec 20 gr de beurre frais et le macis

4 c à s	d'échalote confite
2	endives
1 c à s	d'huile d'olive
1	filet de citron vert
	fleur de sel
	poivre noir

servir avec la sauce aux huîtres, accompagner d'échalotes confites parfumées au verjus et d'une julienne d'endives tombée à l'huile d'olive légèrement citronnée, saler, poivrer

sole rôtie à l'arête en duo de tussilage et jabugo

pour 4 pers.

2	soles

vider les soles, les peler puis avec un ciseau couper les arêtes à fleur de la chair, couper en tronçons de 4 cm de large, réserver les carcasses et les chutes pour la sauce

100 gr	de matignon (fondue de légumes au gras)
1	échalote
1 c à s	d'huile d'olive
1 dl	de vin blanc sec
2 dl	de fumet de poissons

faire revenir le matignon et l'échalote émincée dans 1 c à s d'huile d'olive, ajouter les carcasses et les chutes de soles, continuer à faire revenir, déglacer avec le vin blanc, mouiller avec le fumet de poissons et laisser mijoter 20 min, passer et faire réduire de moitié

20	fleurs de tussilage
1 c à s	d'huile d'olive
0,3 dl	d'huile d'olive
	fleur de sel, poivre noir

faire revenir le tussilage dans 1 c à s d'huile d'olive, mixer avec la moitié du fumet soit env. 1 dl, émulsionner avec 0,3 dl d'huile d'olive, assaisonner de fleur de sel et poivre noir

50 gr	de jambon jabugo
0,3 dl	d'huile d'olive

couper le jabujo en brunoise et le mixer avec le reste du fumet soit 1 dl, monter à l'huile d'olive, rectifier l'assaisonnement

1 c à s	de farine
2 c à s	de crème fraîche 45°
2 c à s	de beurre clarifié
40 gr	de beurre frais salé
1	jus de citron

saler les soles, enfariner légèrement et crémer

rôtir les soles avec 1 c à s de beurre clarifié, lorsqu'une légère pression du doigt suffit à faire décoller la chair de l'arête, jeter le beurre de cuisson, ajouter le beurre frais (salé si possible), ajouter un filet de citron et arroser, dresser avec les deux sauces

2	artichauts poivrade à la barigoule
20	fleurs de tussilage
	fleur de sel
	poivre noir

garnir d'artichauts à la barigoule et de fleurs de tussilage

friole de foie de féra au beurre de citron confit et câpres

pour 4 pers.

20	câpres au sel	faire dessaler les câpres à l'eau courante
200 gr	de foies de féra	tremper les foies 1 h dans le lait, égoutter, essuyer, réserver
5 dl	de lait	
1	gousse d'ail ou 2 feuilles d'ail des ours	ciseler l'échalote, dégermer et ciseler l'ail
1	échalote	peler le citron à vif, fileter et couper en petits cubes de 4mm
1	citron vert	
2 c à c	de beurre clarifié	dans une poêle antiadhésive chaude, mettre le beurre clarifié et rôtir rapidement les foies, les retirer, et ajouter le beurre frais puis ajouter l'échalote et l'ail, faire mousser, ajouter le beurre citronné, le persil plat, les câpres et les dés de citron pelés à vif
20 gr	de beurre frais	
20 gr	de beurre de citron confit	
20	feuilles de persil plat	

servir avec de jeunes poireaux ou des artichauts épineux cuits à la barigoule

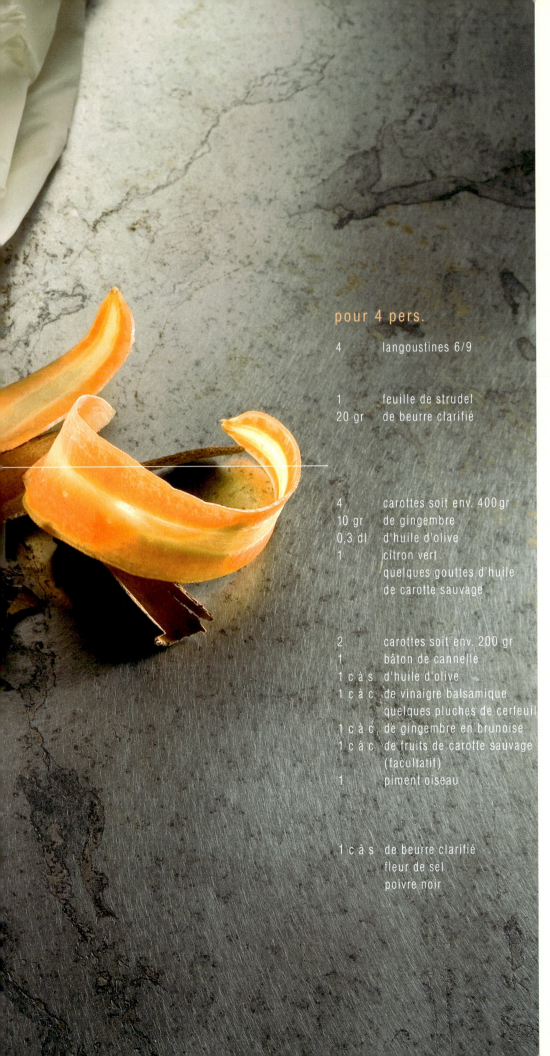

strudel de langoustine à l'huile de carotte sauvage

pour 4 pers.

4		langoustines 6/9
1		feuille de strudel
20 gr		de beurre clarifié
4		carottes soit env. 400 gr
10 gr		de gingembre
0,3 dl		d'huile d'olive
1		citron vert
		quelques gouttes d'huile de carotte sauvage
2		carottes soit env. 200 gr
1		bâton de cannelle
1 c à s		d'huile d'olive
1 c à c		de vinaigre balsamique
		quelques pluches de cerfeuil
1 c à c		de gingembre en brunoise
1 c à c		de fruits de carotte sauvage (facultatif)
1		piment oiseau
1 c à s		de beurre clarifié
		fleur de sel
		poivre noir

décortiquer les langoustines et retirer l'intestin

couper la feuille de strudel en carrés de 10 cm sur 10 cm, enduire de beurre clarifié les deux côtés des feuilles, envelopper les langoustines dans ces feuilles en formant des cigares, réserver

passer 4 carottes à la centrifugeuse, réduire le jus à l'état sirupeux, ajouter le gingembre, émulsionner avec l'huile d'olive env. 1/3, rectifier avec un demi-jus de citron et quelques gouttes d'huile de carotte sauvage

envelopper les 2 carottes dans une feuille d'alu avec un bâton de cannelle et confire au four à 200° env. une heure, refroidir puis peler, couper en tronçons de 3 cm, conserver les plus beaux tronçons, les évider avec un vide-pomme et couper le reste en brunoise, assaisonner avec l'huile d'olive, vinaigre balsamique, sel, poivre et quelques pluches de cerfeuil, gingembre en brunoise, fruits de carotte sauvage, un peu de piment

saler et rôtir les strudels de langoustines sur toutes leurs faces, égoutter sur un papier ménage, servir avec la sauce carotte et quelques gouttes d'huile de carotte sauvage

pour 4 pers.

1	homard bleu vivant de 700 gr
1 c à s	d'huile d'olive
1 c à c	huile de lierre terrestre
2	feuilles de persil plat
4	fanes de cerfeuil
8	petites amanites des césars ou oronges vraies
1	échalote
1	gousse d'ail
2 dl	de fond de homard
0,3 dl	d'huile d'olive
	fleur de sel
	poivre noir

marguerite de homard aux amanites des césars

séparer la queue du homard, faire un fond avec la tête, châtrer la queue (pour le fond, voir homard aux rattes et truffes)
voir recettes page 114
dans une sauteuse, rôtir la queue et les pinces du homard à feu vif avec 1 c à s d'huile d'olive, retirer la queue, continuer à faire rôtir les pinces, retirer la chair des pinces et couper en dés de 1 cm assaisonner de sel, poivre, huile de lierre terrestre, persil et cerfeuil ciselés, réserver

décortiquer la queue, couper en rouelles de 5 mm d'épaisseur, réserver

nettoyer les amanites des césars à l'aide d'un linge humide, couper les têtes en fines lamelles, saler et huiler légèrement, réserver, conserver les pieds pour la sauce

intercaler les rouelles de homard et les tranches d'amanites en formant une marguerite, assaisonner, couvrir de cellophane, cuire au four à vapeur à 56° 15 min ou 30 min au four conventionnel à 130°

faire revenir l'échalote ciselée avec un soupçon d'ail, ajouter le reste des amanites, déglacer avec le fond de homard, réduire de moitié et mixer, puis émulsionner avec l'huile d'olive

rectifier l'assaisonnement.

plat dédié à Pierre Richard pour son César

J'adore les duos: c'est le fort et le faible, la victime, le bourreau.
Là, allez donc savoir!
Ce sont deux fortes personnalités qui ne s'en laissent pas conter.
L'un sort de l'eau, l'autre de la terre.
À priori, ils n'étaient pas faits pour se rencontrer. Mais la main d'un Magicien peut tout!

Pierre Richard

nage de tourteau aux délices de la marée

pour 4 pers.

8	pistils de safran

faire tremper le safran dans un peu d'eau

2	échalotes
1	gousse d'ail
1	branche de thym
1 c à s	d'huile d'olive
2 dl	de vin blanc
3 dl	de bouillon de légumes
2	tourteaux
2	blancs d'œuf

faire revenir les échalotes émincées, la gousse d'ail en chemise et la branche de thym dans 1 c à s d'huile d'olive, déglacer avec le vin blanc et mouiller avec le bouillon de légumes et l'eau de safran, faire cuire 10 min, retirer du feu, immerger les tourteaux, couvrir et laisser cuire hors du feu 30 min env., contrôler la cuisson en retirant délicatement la petite pince, si celle-ci se retire sans que la chair reste collée, il est cuit
retirer la chair le plus délicatement possible, réserver
filtrer et clarifier le fond de cuisson au blanc d'œuf, réduire de moitié et rectifier l'assaisonnement

4	st-jacques
8	amandes (coquillages)

retirer les noix des st-jacques et des amandes sans abîmer les tendons des st-jacques, réserver les coquilles, ébarber et réserver

1 c à s	d'huile d'olive
1 c à s	de julienne de blanc de poireau
1 c à s	de julienne de carotte
1 c à s	de julienne de céleri
1	rouget
100 gr	de lotte

faire revenir la julienne de légumes dans l'huile d'olive

	fleur de sel
	poivre noir

garnir les coquilles st-jacques avec la chair de tourteau et les poissons coupés en goujonnette

refermer les coquilles, les emballer dans du cellophane et recouvrir de nage
cuire au four à 120° env. 30 min

friole de crevette royale en duo de poivrons

pour 4 pers.

4	crevettes royales
1	poivron rouge
1	poivron jaune
	une pincée de sucre
0,5 dl	d'huile d'olive
1	filet de citron
1 c à s	d'huile d'olive
2	pousses d'oignon
10 gr	de racine de gingembre en brunoise
	fleur de sel
	poivre noir

décortiquer les crevettes, châtrer en prélevant l'intestin et les fendre sur le dos jusqu'à la moitié de leur longueur

passer les poivrons séparément à la centrifugeuse, faire réduire à l'état sirupeux les jus avec une pincée de sucre selon l'amertume, les monter à l'huile d'olive, saler et poivrer, ajouter un filet de citron

dans une poêle faire chauffer l'huile d'olive, sauter les crevettes, ajouter l'oignon ciselé et le gingembre en brunoise, dresser sur les sauces

accompagner d'une fine ratatouille ou d'un peu de poivron cendré, voire d'un caviar d'aubergine

rose de crevette en émulsion de kumquat

pour 4 pers.

4	crevettes royales	
1 c à c	huile d'olive (carotte sauvage)	
1 c à c	d'algues séchées en poudre	
1 c à c	zeste de citron	
1	soupçon de piment d'espelette	
	fleur de sel	
	poivre noir	

sauce kumquat

4	kumquats
1	échalote
1 c à s	huile d'olive
1 dl	de vin blanc
2 dl	de fond de légumes
1	feuille de laurier
1	clou de girofle
1	branche de persil
1	citron vert
0,3 dl	d'huile d'olive
1	piment oiseau

marinade de kumquat

1	fleur d'oignon
	quelques gouttes de verjus
1 c à s	de peau de courgette en brunoise
1 c à c	d'huile d'olive
1 c à s	d'huile d'olive
	fleur de sel
	poivre noir

décortiquer les crevettes, les châtrer en retirant l'intestin et conserver les têtes

découper les queues en fines tranches afin de former les roses en prenant garde que la peau des crevettes se trouve au-dessus afin d'avoir une belle couleur rouge après cuisson

humecter les tranches d'huile d'olive et saupoudrer d'algues, de zeste de citron-confit en brunoise et de piment d'espelette en poudre, saler, poivrer, recouvrir de cellophane et réserver

retirer le zeste des kumquats et le couper en brunoise, en garder la moitié pour la marinade

hacher la chair des fruits en prenant soin de retirer les pépins, ajouter à l'autre moitié des zestes, réserver

ciseler l'échalote, concasser les carcasses de crevette, puis, dans un sautoir, les faire revenir dans 1 c à s d'huile d'olive, ajouter l'échalote ciselée, continuer à faire revenir puis déglacer avec le vin blanc, mouiller avec le fond de légumes, ajouter la branche de persil, le laurier et le girofle, laisser mijoter à feu très doux 20 min, passer et laisser réduire de moitié, ajouter la chair de kumquats et mixer, puis émulsionner avec l'huile d'olive, saler, poivrer et ajouter un filet de jus de citron et un peu de piment oiseau

dans l'autre moitié des zestes, ajouter la fleur d'oignon ciselée, quelques gouttes de verjus, la peau de courgette tombée dans 1 c à c d'huile d'olive, ajouter 1 c à s d'huile d'olive, assaisonner de fleur de sel et de poivre noir, réserver

cuire env. 20 min les crevettes dans un four à 120°, dresser avec la sauce et la marinade de kumquat

friole de crevette au jus de betterave rouge et rhubarbe

pour 4 pers.

1	carotte rouge crue
4	crevettes royales
4	feuilles de cafi
1	carotte rouge crue
1	branche de rhubarbe
	poivre de séchouan
2	baies de genièvre
	ou 1 cm d'impératoire
1 c à s	de racine de benoîte urbaine
1	noix de beurre
1	citron confit au sel
2 c à s	d'huile d'olive
2 c à c	de vinaigre balsamique
1 c à c	d'huile d'olive
	poivre noir
	fleur de sel
1 c à s	d'huile d'olive

emballer une carotte rouge dans une feuille d'aluminium et cuire 1 h 30 au four à 180°, réserver

décortiquer les crevettes en gardant le dernier anneau, châtrer en retirant l'intestin, fendre les crevettes et incérer une feuille de cafi dans chacune d'elles, réserver

passer la betterave rouge et la rhubarbe à la centrifugeuse, ajouter le poivre de séchouan, les baies de genièvre ou 1 cm d'impératoire, la racine de benoîte émincée, réduire à l'état sirupeux, saler, poivrer et monter au beurre, réserver

peler et couper la carotte rouge confite en brunoise, ajouter le citron confit au sel coupé en brunoise, puis l'huile d'olive, saler et poivrer, ajouter le vinaigre balsamique, 1 c à s de rhubarbe en brunoise tombée à l'huile d'olive

dans une poêle, frire les crevettes dans de l'huile d'olive ou du beurre clarifié, dresser avec la salade de carotte rouge tiède et le jus de carotte rouge

quand un grand chef et un grand guitariste se rencontrent... que se passe-t-il?... Le courant passe et une très grande amitié naît! Commence alors la découverte de leur art mutuel. D'un côté, José tombe littéralement amoureux de la cuisine de Carlo, et de l'autre, Carlo est totalement envoûté par la musique de José. Maintenant la ressemblance est telle, autant artistique que physique, qu'on les prend même pour deux frères...

José Barrense Dias

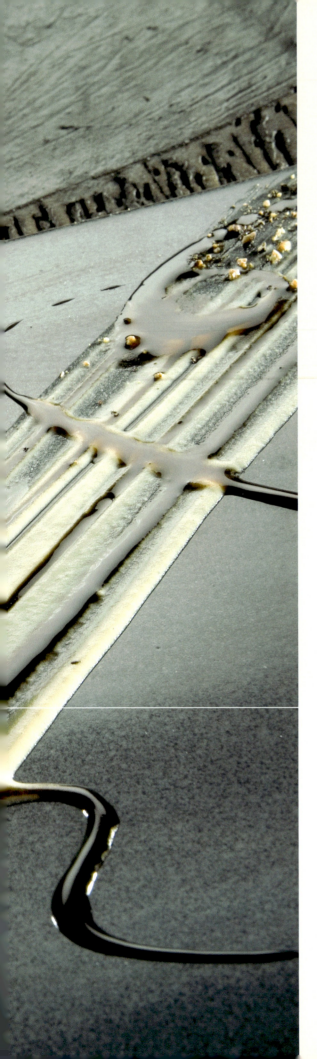

tortue de homard aux cèpes

pour 4 pers.

1	homard bleu vivant de 700 gr	séparer la queue du homard, faire un fond avec la tête et châtrer la queue (pour le fond, voir le homard aux rattes et truffes)
1 c à s	d'huile d'olive	dans une sauteuse, rôtir la queue et les pinces du homard à feu vif à l'huile d'olive, retirer la queue, continuer à faire rôtir les pinces 2 min env., décortiquer et couper la chair en dés de 1 cm, assaisonner de sel, poivre, huile de lierre terrestre, persil et cerfeuil ciselés, réserver
1 c à c	huile de lierre terrestre	
2	feuilles de persil plat	
4	fanes de cerfeuil	
		décortiquer la queue et la couper en rouelles de 5 mm d'épaisseur, réserver
8	petits cèpes	nettoyer les cèpes à l'aide d'un linge humide, couper les têtes des cèpes en fines lamelles, saler et huiler légèrement, réserver, conserver les pieds pour la sauce
1 c à c	d'huile d'olive	
1 c à c	d'huile d'olive	

dans le fond de 4 petits saladiers de 5 cm de diamètre, préalablement huilés à l'huile de lierre terrestre, disposer les lamelles de cèpes puis les rouelles de homard sur les parois et le fond des saladiers et remplir le centre avec les dés de pinces, assaisonner, envelopper dans du cellophane et cuire 15 min au four à vapeur à 56° ou au four conventionnel à 120° durant env. 30 min

1	échalote	faire revenir l'échalote ciselée avec un soupçon d'ail, ajouter le reste des cèpes ciselés, déglacer avec le vin blanc et mouiller avec le fond de homard et le fond de volaille, réduire de moitié, mixer et émulsionner à l'huile, rectifier l'assaisonnement
	une pointe d'ail	
1 dl	de vin blanc	
1 dl	de fond de homard	
1 c à c	de fond de volaille	
0,4 dl	d'huile d'olive	
	fleur de sel	
	poivre noir	

démouler les tortues et servir accompagné de la sauce

homard rôti en coquille | en duo de rattes tièdes et truffes croquantes

pour 4 pers.

2	homards vivants de 500 gr	châtrer les homards, retirer les pinces et les conserver pour une autre recette avec la tête, réaliser un jus en faisant rôtir les carcasses dans l'huile d'olive, ajouter une paysanne de légumes, faire revenir, flamber avec 0,2 dl de cognac, déglacer avec 1 dl de vin blanc et mouiller avec 2 dl de bouillon de légumes, cuire à feux doux, passer et réduire jusqu'à obtenir 4 c à s d'un jus sirupeux, assaisonner de jus de truffe, fleur de sel, poivre noir et 1 c à s d'huile d'olive, ajouter le persil ciselé
1 c à s	d'huile d'olive	
50 gr	de paysanne de légumes	
0,2 dl	cognac	
1 dl	de vin blanc	
2 dl	bouillon de légumes	
2 cl	de jus de truffe	
1 c à s	d'huile d'olive	
10	feuilles de persil plat	
150 gr	de pommes de terre rattes	cuire les rattes à la vapeur, peler et couper en rondelles régulières, couvrir d'un cellophane et réserver
2	truffes noires de 30 gr	nettoyer les truffes avec une brosse et très peu d'eau, peler et couper en tranches de 2 mm d'épaisseur, couvrir comme les rattes
2 c à s	d'huile d'olive	couper la queue de homard en deux dans le sens de la longueur et rôtir 2 min sur la coquille dans un sautoir avec 2 c à s d'huile d'olive, retirer à mi-cuisson, couvrir avec les rattes et les truffes, en les intercalant, verser le jus de homard par-dessus et laisser tirer 5 min dans un four à 120° puis servir
	fleur de sel	
	poivre noir	

petits farcis de crevette et fleurs de courgette en duo de tomate et basilic

pour 4 pers.

8	fleurs de courgette
4	crevettes
8	petites feuilles de basilic
	piment d'espelette
1 c à c	de citron confit en brunoise
	voir recettes de base
4	petites tomates
3 c à c	d'huile d'olive
1	gousse d'ail
1	branche de thym
1 dl	fond de légumes
0,3 dl	huile d'olive
1 c à c	verjus ou
	de vinaigre balsamique
2 c à c	d'olives noires en brunoise
1 c à c	d'huile d'olive
	fleur de sel
	poivre noir

couper le fond des fleurs de courgette, décortiquer et châtrer les crevettes en retirant l'intestin, les couper en petits cubes, assaisonner de sel, poivre, piment d'espelette, 4 feuilles de basilic ciselé, le citron confit
farcir les fleurs de la farce puis les emballer dans du cellophane et réserver

peler les tomates, les couper en filets et confire au four avec une gousse d'ail, un peu de thym et 3 c à c d'huile d'olive à 80° pendant en 1 h env.

ajouter les tomates confites au bouillon de légumes et l'huile d'olive, mixer, saler et poivrer, ajouter un peu de verjus ou de vinaigre balsamique, du piment d'espelette, réserver

cuire les fleurs farcies à la vapeur env. 10 min à 60° puis les sauter délicatement dans l'huile d'olive et dresser sur le coulis de tomates
ajouter une feuille de basilic et la brunoise d'olives noires mélangée à 1 c à c d'huile d'olive

tatin de boudin au madère

pour 4 pers.

250 gr	de sang de porc frais
100 gr	de gorge de porc
100 gr	de lard gras
200 gr	de crème à 45%
1	œuf
100 gr	d'oignon
100 gr	de poireau
5 gr	de 5 épices
0,3 dl	de calvados
5 gr	de chocolat
1	soupçon de piment
2	pommes golden
20 gr	de beurre
20 gr	de beurre
20 gr	de sucre
2 dl	de madère
1 c à s	de fond de veau
1 c à c	de balsamique
20 gr	de beurre
	poivre noir
	fleur de sel

mixer le sang avec la gorge hachée, le lard gras, la crème, les œufs, saler, poivrer, passer au tamis et réserver

faire revenir l'oignon et le poireau hachés, les épices, flamber au calvados, ajouter le sang, le chocolat, le piment, chauffer, sans dépasser 80° tout en mélangeant, rectifier l'assaisonnement, réserver

peler et couper les pommes en quartiers de 2 mm, les faire caraméliser avec le beurre et le sucre

beurrer 4 petits saladiers, déposer une bande de papier pâtisserie en la faisant dépasser de 1 cm, disposer les pommes en rosace, verser le boudin et recouvrir de cellophane, cuire au bain-marie au four à 150°

réduire le madère, ajouter le fond de veau, le balsamique, saler, poivrer, monter légèrement au beurre
démouler le boudin et saucer, accompagner d'une pomme purée

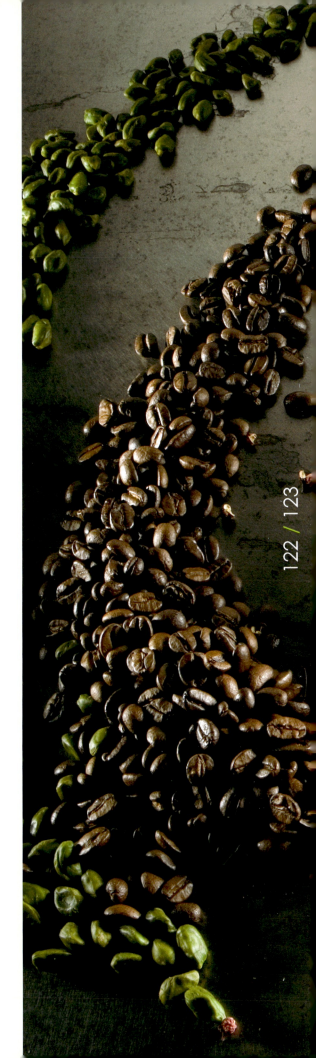

ris de veau glacé au café et poivre de séchouan à l'huile de pistache

pour 4 pers.

- 2 poires de ris de veau
- 2 c à s de café moulu
- 1 c à c de poivre de séchouan
- 1 c à c de raisinée

- 20 gr de beurre clarifié
- 2 c à c d'échalotes ciselées
- 1 dl de fond de légumes
- 2 c à c de pistaches hachées
- 0,2 dl d'huile d'olive
- 1 c à c d'huile de pistache

- 20 gr de beurre clarifié
  fleur de sel
  poivre noir

- 1 c à s d'échalote ciselée
- 2 c à s café serré
- 3 c à s de madère
- 2 c à s de jus de veau
- 1 c à c de jus de truffes
- 20 gr de beurre frais
  quelques gouttes de balsamique

dégorger le ris de veau 1 à 2 heures à l'eau courante, retirer l'essentiel des peaux, mettre à mariner avec le café, le poivre de séchouan et la raisinée

faire revenir les échalotes ciselées dans le beurre clarifié, déglacer avec 1 dl de fond de légumes, laisser réduire d'un quart, ajouter les pistaches hachées, saler, poivrer, mixer et émulsionner avec l'huile d'olive et quelques gouttes d'huile de pistache, réserver

emballer les poires de ris de veau dans une feuille de cellophane et cuire au four à vapeur à 65° pendant 30 min environ puis rôtir dans une poêle antiadhésive avec un peu de beurre clarifié
une fois bien colorées, les déglacer avec la marinade et faire caraméliser en arrosant continuellement

retirer le ris de veau, garder au chaud, ajouter l'échalote ciselée, faire revenir et déglacer la poêle avec le madère, le café serré, le jus de veau et le jus de truffe
laisser réduire à l'état sirupeux, monter légèrement au beurre frais et ajouter quelques gouttes de balsamique

trancher les poires de ris, agrémenter des sauces pistache et café, ajouter quelques éclats de café torréfié

accompagner de purée de potimarron ou de purée de marrons ou de tagliatelles au café

essence de volaille
au flan de foie gras et amanites des césars

pour 4 pers.

4	petites amanites des césars ou oronges vraies
1 c à c	d'huile d'olive
1 dl	de crème à 35%
1	œuf
80 gr	de foie gras
4 dl	de consommé de volaille
1 c à c	de jus de truffe
	fleur de sel
	poivre

peler les amanites, les couper en brunoise de 5 mm et faire tomber dans l'huile d'olive, réserver

chauffer la crème et mixer avec la moitié des amanites et l'œuf

couper le foie gras en dés de 1 cm et joindre à la brunoise d'amanites dans 4 tasses, y couler le flan

donner une ébullition au consommé, ajouter le jus de truffe, rectifier l'assaisonnement et verser ce consommé dans les tasses contenant déjà le flan
verser délicatement sur le dos d'une cuillère à soupe sur une épaisseur de 2 cm
couvrir d'une feuille d'alu et cuire env. 30 min au four à 180° au bain-marie

foie gras au tamarin

pour 4 pers.

1	foie gras de canard de 500 à 600 gr	dénerver soigneusement le foie gras, escaloper en tranches d'env. 1 cm d'épaisseur, saler et poivrer
4	feuilles de pâte à strudel	beurrer chaque feuille de pâte à strudel et en recouvrir chaque face des tranches de foie gras, réserver

sauce

100 gr	de tamarin	extraire la chair du tamarin, ajouter 1 dl de fond de volaille et un peu d'eau, mijoter jusqu'à ce que les chairs se détachent, passer au tamis, réduire jusqu'à l'obtention d'une sauce légèrement sirupeuse, réserver
1 dl	de fond de volaille	
10 gr	de beurre	séparer la sauce en deux, monter une des deux sauces au beurre et émulsionner l'autre moitié à l'aide de l'huile de pépins de raisin, fleur de sel et poivre
2 c à s	d'huile de pépins de raisin	

garniture

1	radis chinois	peler puis tailler le radis chinois en julienne, tomber au beurre, ajouter la raisinée, réserver
20 gr	de beurre frais	
1 c à s	de raisinée	
20 gr	de beurre clarifié	dans une poêle chaude rôtir les tranches de foie gras avec un peu de beurre clarifié, égoutter sur un papier ménage, assaisonner d'un peu de fleur de sel, mignonnette de poivre et grué
20 gr	de grué	
	fleur de sel	
	poivre noir	

servir avec le radis et les sauces au tamarin

foie gras de canard en duo de grué et porto parfumé au gingembre

pour 4 pers.

4	tranches de foie gras de 70 gr
20 gr	de beurre clarifié
1	feuille de strudel
	fleur de sel
	poivre noir
4	grains de café
	mignonnette de poivre noir
10 gr	de racine de benoîte
10 gr	de grué
1	zeste d'orange
1 dl	de porto
0,5 dl	de café (2 ristretti)
0,5 dl	de fond de canard
1 c à c	de tia maria
20 gr	de beurre
20 gr	de gingembre
1 dl	de porto
2 c à c	de verjus
10 gr	de beurre
1	radis noir
10 gr	de beurre
10 gr	de grué
	poivre noir concassé
	fleur de sel
10 gr	de café moulu

saler et poivrer les tranches de foie gras, chauffer le beurre clarifié et enduire la feuille de strudel des deux côtés

poser les tranches de foie gras sur la pâte et découper le pourtour, les retourner et recommencer l'opération, réserver au frais

sauce café
dans une sauteuse, torréfier les grains de café concassés puis ajouter la mignonnette de poivre noir, la racine de benoîte urbaine hachée, le grué et le zeste d'orange
déglacer avec le porto, flamber, ajouter le café liquide et le fond de canard, laisser réduire, ajouter le tia maria puis monter au beurre

sauce porto
peler le gingembre, le couper en brunoise et cuire dans le porto
laisser réduire puis ajouter le verjus, le poivre noir et monter au beurre

Garniture
peler puis couper le radis noir en julienne et faire tomber au beurre, saler, poivrer et réserver au chaud
amener le foie gras à température ambiante puis le poêler des deux côtés, dresser la sauce café et porto, ajouter 1 c à s de radis tombé et poser le foie gras dessus
disposer ensuite délicatement quelques éclats de grué, poivre noir concassé et un peu de fleur de sel sur le foie gras, saupoudrer l'assiette d'un peu de café fraîchement moulu

pommes fondantes et truffe à la moelle

pour 4 pers.

6	os à moelle de 4 cm
4	pommes de terre agria
4	truffes de 30 gr
10 gr	de beurre
1	échalote
1	branche de thym
1 l	de bouillon de légumes
100 gr	de graisse d'oie
1 dl	de porto
1 dl	de madère
1 dl	de jus de veau
1 c à s	jus de truffe
1	échalote
20 gr	de beurre
	fleur de sel
	poivre noir

dégorger la moelle à l'eau courante 2 h env. retirer la moelle de l'os, assaisonner de fleur de sel et mettre dans une assiette, recouvrir de cellophane, réserver

peler et couper les pommes de terre en cylindres de 4 cm de diamètre et 5 cm de hauteur à l'aide d'un couteau d'office, dégager le fond en faisant la plus petite fente possible, puis avec un emporte-pièce de 3 cm évider le cylindre, conserver la partie centrale

couper ce cylindre intérieur en rondelles de 2 mm et faire tomber au beurre rapidement, réserver

peler les truffes, réserver les pelures et couper les truffes en tranches de 2 mm, intercaler les pommes de terre et les tranches de truffes à l'intérieur de la pommes de terre, finir avec la moelle et une tranche de pomme de terre

dans un plat en fonte beurré, parsemer l'échalote ciselée, effeuiller le thym et déposer les pommes de terre, mouiller à mi-hauteur avec le fond de légumes et la graisse d'oie, mettre au four à 180° en les arrosant de leur jus de temps en temps

dans une casserole, faire flamber le porto et le madère avec une mignonnette de poivre et une échalote ciselée, les parures de truffe, laisser réduire, mouiller avec le jus de veau et laisser réduire

ajouter le jus de truffe, filtrer et monter légèrement au beurre

planter à la verticale la dernière tranche de pomme de terre, verser un peu de jus de veau, ajouter quelques grains de fleur de sel et servir avec un cordon de jus de veau truffé

Plat dédié à mon ami Thierry Lang

Carlo mon ami,

Que le temps passe vite !
Il me semble que c'était hier que tu me mitonnais ce plat pour la première fois. Pourtant trente ans ont passé et j'ai toujours le même plaisir à le déguster.
Il est la preuve qu'avec ton cœur, ta tête et tes mains d'artiste, des produits simples peuvent atteindre les sommets de la gastronomie.
Je suis très fier et très honoré d'en être désormais le parrain.
Merci de ton amitié fidèle.

Thierry Lang

raviolis de ris de veau et asperges à l'épiaire

pour 4 pers.

pâte à nouilles

100 gr	de semoule de blé dur
2	jaunes d'œuf
1 c à s	d'huile d'olive

200 gr	de ris de veau
100 gr	de veau
150 gr	de crème
1	blanc d'œuf
	fleur de sel, poivre noir

8	asperges vertes

100 gr	de morilles
2 c à s	de beurre clarifié
20 gr	de feuilles d'épiaire blanchies
20 gr	d'ortie blanchie
	cerfeuil, persil
	fleur de sel
	poivre noir

travailler le tout en donnant du corps et laisser reposer pendant 2h au minimum dans un papier film
abaisser en disques de 10cm de diamètre et 1mm d'épaisseur

dégorger à l'eau, parer en enlevant les filaments et membranes, couper 16 dés de 1cm de côté, saler, poivrer, sauter au beurre clarifié, réserver
mixer le reste du ris de veau (100gr) avec le veau, incorporer la crème et le blanc d'œuf en travaillant la masse sur la glace, réserver

peler les asperges, couper les pointes à 5cm, puis couper le reste en dés de 3mm

nettoyer les morilles, couper les pointes à env. 2cm et couper le reste en dés de 3mm
faire tomber les dés d'asperges et de morilles dans 1 c à s de beurre clarifié, ajouter les feuilles d'épiaire et d'ortie en chiffonnade blanchie ainsi que les fines herbes ciselées
laisser refroidir et mélanger tous les ingrédients à la masse de ris de veau, former des petites boules en insérant un dé de ris de veau rôti au centre
puis, avec les disques de pâte, façonner les raviolis farcis d'une boule de ris de veau

1 c à c	huile d'olive
1	échalote
1 dl	vin blanc
2 dl	de fond de légumes
50 gr	d'épiaire
50 gr	d'ortie
3	feuilles d'ail des ours ciselées
0,5 dl	d'huile d'olive
	quelques gouttes d'huile d'amande
1 c à s	d'huile d'olive
	gros sel marin

cuire les pointes d'asperges et les pointes de morilles à l'étouffée avec un peu d'huile d'olive, saler et poivrer

faire tomber l'échalote à l'huile d'olive, déglacer au vin blanc, réduire, mouiller avec le fond de légumes, réduire de moitié, ajouter l'épiaire, les orties et l'ail des ours, couvrir avec un papier film, laisser infuser 10min et mixer puis émulsionner avec l'huile d'olive et quelques gouttes d'huile d'amande

cuire les raviolis à l'eau salée au gros sel, égoutter, ajouter quelques gouttes d'huile d'olive et les disposer sur la sauce épiaire et ortie, garnir avec les pointes asperges et les morilles

croustillant de ris de veau et potimarron à la truffe blanche

pour 4 pers.

2	poires de ris de veau	
100 gr	de manioc frais en brunoise	

dégorger les poires de ris de veau, retirer les peaux, couper des médaillons de 1 cm d'épaisseur et 5 cm env. de diamètre, paner avec une brunoise de manioc

1	échalote
50 gr	de potimarron
1 c à s	d'huile d'olive
1 dl	de fond de volaille blanc
0,3 dl	d'huile d'olive
1 c à c	d'huile de truffe blanche

faire revenir l'échalote ciselée et le potimarron en brunoise avec 1 c à s d'huile d'olive, mouiller avec le fond de volaille, laisser cuire à feux doux, mixer puis émulsionner avec l'huile d'olive, assaisonner de fleur de sel et poivre noir, ajouter quelques gouttes d'huile de truffe blanche, réserver

1	truffe blanche

brosser la truffe, peler et mettre la pelure dans la sauce, réserver la truffe, prête à être tranchée

20 gr	de beurre clarifié
150 gr	de potimarron
1 c à s	d'huile d'olive
	fleur de sel
	poivre noir

dans une poêle antiadhésive, rôtir les médaillons de ris de veau dans le beurre clarifié et servir avec la sauce potimarron, râper quelques tranches de truffes blanches, accompagner avec le reste de potimarron en brunoise juste tombé à l'huile d'olive

J'aime le moment miraculeux où l'émotion trop forte fait monter les larmes aux yeux!
Ce n'est pas très fréquent lorsqu'on est à table... mais cela arrive souvent lorsqu'on a le bonheur de manger la cuisine de Carlo, génial et généreux lutin des fourneaux.

Yvan Ischer

strudel de pied de veau aux morilles

pour 4 pers.

2	pieds de veau
1	poireau
1/2	céleri
1	carotte
1	oignon
1	gousse d'ail en chemise
1 c à s	d'huile d'olive
	garniture aromatique
	(1 branche de persil,
	1 feuille de laurier,
	1 branche de thym,
	1 clou de girofle)
2 dl	de vin blanc
1 dl	de madère
1 dl	de porto
3 dl	de jus de veau
50 gr	de pommes rattes
50 gr	de morilles
8	feuilles de pâte à strudel
20 gr	beurre clarifié
20 gr	de beurre frais
	fleur de sel
	poivre noir

dans une casserole, couvrir d'eau froide les pieds de veau, porter à ébullition, retirer et réserver

peler les légumes, les couper en matignon dans l'huile d'olive, rôtir les pieds de veau, ajouter le matignon, faire tomber, ajouter la garniture aromatique, déglacer avec le vin blanc, le madère, le porto, flamber, laisser réduire et mouiller avec jus de veau, cuire à couvert au four à 150° pendant 6h env. laisser refroidir dans son jus puis désosser et couper en petits cubes de 0,5 cm

cuire les pommes de terre rattes à la vapeur, peler et couper en cubes de 5mm, réserver

nettoyer les morilles et couper en cubes de 5mm

mélanger les dés de pied de veau, les pommes de terre et les morilles
passer le fond de cuisson, réduire et rectifier l'assaisonnement, verser les 3/4 de ce jus sur les dés de pied de veau, laisser refroidir puis lorsque la masse est encore souple, former des boudins de 10cm de long et 2cm de diamètre à l'aide de cellophane, mettre au frigo jusqu'à total refroidissement
enlever le cellophane des boudins et les emballer chacun dans une feuille de strudel préalablement beurrée au beurre clarifié
dans une poêle antiadhésive, faire rôtir les strudels, accompagner du reste du jus légèrement monté au beurre

truffé de pied de porc dauphine

pour 4 pers.

4	pieds de porc
4	truffes de 30 gr
1 c à s	d'huile d'olive
300 gr	de mirepoix
50 gr	de tomate concassée
3 dl	de vin rouge
1 dl	de porto
1 dl	de madère
2 dl	de jus de veau
1 l	de bouillon de légumes
1	branche de thym
1	feuille de laurier
1	clou de girofle (ou racine de benoîte urbaine)
	fleur de sel
	poivre noir
200 gr	de pommes dauphine
30 gr	de beurre clarifié
20 gr	de beurre frais
300 gr	de cardons au naturel voir recettes de base

mettre les pieds de porc dans de l'eau froide, porter à ébullition puis retirer

peler les truffes et les couper en dés de 3 mm, garder les pelures

dans l'huile d'olive faire rôtir les pieds de porc, ajouter la mirepoix, continuer à faire revenir, ajouter 50 gr de tomate concassée, déglacer avec le vin rouge, le porto et le madère, flamber, mouiller avec le fond de veau et le bouillon de légumes, ajouter le thym, le laurier, la benoîte urbaine, saler et poivrer, ajouter les pelures de truffe, couvrir laisser mijoter 12 h à 120°

retirer les pieds, désosser, couper en cubes de 1 cm et réserver

laisser réduire le fond de cuisson, le filtrer, ajouter les dés de truffe, le jus de truffe et couvrir les pieds de porc, réserver 1 dl de jus, verser les dés de pieds de porc dans des cercles de 8 cm de diamètre et un 1 de haut, préalablement sertis de cardons cuits au naturel, mettre au frigo

recouvrir les disques de pieds de porc froid avec 5 mm de pommes dauphine et remettre au frigo

dans une poêle antiadhésive rôtir les galettes de pied de porc côté pommes dauphine
monter le jus au beurre, rectifier l'assaisonnement
servir avec le jus

friole de rognon à la moutarde noire

pour 4 pers.

2	rognons
20 gr	de beurre frais
20 gr	de beurre de vin jaune
1 dl	de vin blanc
1 dl	de jus de veau
2 c à c	de moutarde noire
1 c à c	d'huile de lierre terrestre
1 c à s	de mélange d'herbes ciselées

beurre de vin jaune, voir recettes de base

retirer la graisse du rognon, séparer les alvéoles et les calibrer, conserver une partie de la graisse pour la cuisson
chauffer une poêle en fonte et faire rôtir rapidement les rognons dans la graisse de rognon
à mi-cuisson, ajouter le beurre et en toute fin le beurre de vin jaune, saler et poivrer, retirer, laisser reposer sous une assiette renversée
déglacer la poêle avec le vin blanc, laisser réduire, mouiller avec le jus de veau, dégraisser le jus rendu des rognons ayant reposé et l'ajouter au jus de veau, ajouter la moutarde, et l'huile de lierre terrestre
servir avec une pomme darphin ou une purée

tête de veau sauce gribiche

pour 4 pers.

2 kg	de tête de veau
3 l	d'eau
1	langue de veau
1	joue de veau
2	carottes
1	poireau
1	oignon
1	céleri pomme
1	branche de céleri

bouquet aromatique

1	branche de romarin
1	branche de thym
2	feuilles de laurier
1	benoîte urbaine ou
2	clous de girofle

24	pommes de terre vapeur

sauce gribiche

2 dl	de mayonnaise
4	cornichons
2	échalotes
30 gr	de câpres
2	œufs durs
5 c à s	de mélange d'herbes ciselées
1 c à s	de verjus
0,5 dl	de crème fouettée

faire dégorger les chairs de la tête de veau 2 à 3 heures à l'eau courante

dans une casserole d'eau froide, porter la tête de veau à ébullition et retirer

faire un bouillon avec les légumes

dans une étamine ou un cellophane déposer la tête, couenne côté table, parer les parties de peau blanche

placer au centre de la chair la langue et la joue taillée en grosses lanières, former un gros boudin, attacher les extrémités et ficeler tout les 2 cm env.

dans le bouillon de légumes mettre à cuire le boudin ficelé env. 4 h à 80° avec la garniture de légumes et le bouquet aromatique

couper le boudin défécelé en rondelles de 2cm et servir avec des pommes vapeur et une sauce gribiche

hacher les cornichons, les câpres, les œufs durs, les échalotes et les fines herbes puis mélanger le tout à la mayonnaise, ajouter la crème fouettée

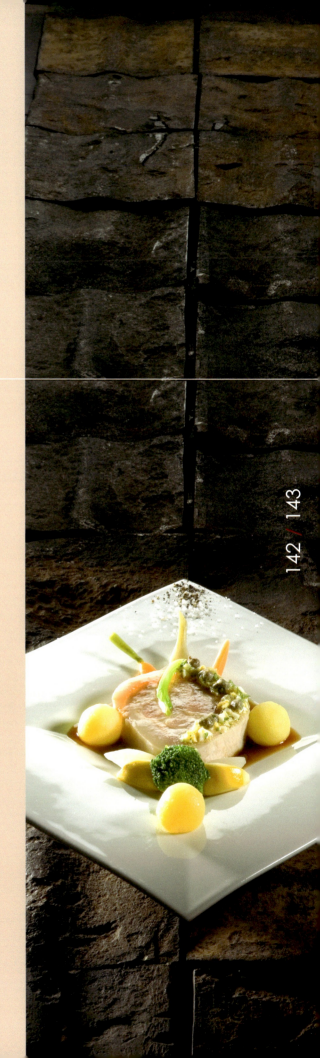

viande, volaille et gibier

filet de biche rôti aux figues, parfumé aux épices

pour 4 pers.

2	figues	mettre les figues dans le porto et le madère, ajouter le mélange d'épices, flamber et laisser cuire à feu doux
1 dl	porto	
1 dl	madère	
2 c à s	de mélange d'épices (voir millefeuille de foie gras aux figues)	
50 gr	de cornes d'abondance en brunoise	faire tomber les cornes d'abondance, mélanger aux figues coupées en dés, poivrer, réserver
	poivre noir	
800 gr	de filet de biche	parer le filet de biche, avec un couteau effilé, faire un trou sur la longueur d'env. 1 cm et fourrer avec le mélange de figues et de cornes d'abondance
100 gr	de barde de lard d'arnad (lard blanc)	envelopper le filet de biche dans une barde de lard, puis dans une coiffe, ficeler et cuire à la broche 5 min env. ou saisir et cuire 30 min env. au four à 120° avec 2 c à s d'huile d'olive
2 c à s	d'huile d'olive	
1	noix de beurre	chauffer une noix de beurre, rôtir vivement et flamber le filet de biche avant de trancher

sauce

1 dl	de jus de gibier	récupérer le jus de cuisson des figues, ajouter au jus de gibier et au jus de déglaçage et monter légèrement au beurre, ajouter un peu de brunoise de figues, quelques airelles et un peu de vinaigre balsamique
0,3 dl	de cognac	
20 gr	de beurre	
2 c à s	d'airelles	
1 c à c	de vinaigre balsamique	
	fleur de sel	
	poivre noir	

accompagner d'une purée de châtaignes, un peu de chou braisé

chartreuse de perdreaux | au chou croquant et délices des bois

pour 4 pers.

50 gr	de bolets	nettoyer les champignons et les couper en grosse brunoise, faire tomber dans l'huile d'olive, à mi-cuisson ajouter une échalote ciselée, saler et poivrer, réserver
50 gr	de chanterelles	
50 gr	de pieds bleus	
50 gr	de cornes d'abondance	
1 c à s	d'huile d'olive	
1	échalote ciselée	
2	perdreaux gris	lever les filets et tailler des aiguillettes de 4 mm d'épaisseur, réserver
1 c à s	d'huile d'olive	couper la carcasse et les cuisses grossièrement, faire rôtir dans l'huile d'olive parvenu à une belle couleur, ajouter la mirepoix et continuer de rissoler, puis flamber au cognac, déglacer avec le vin blanc, mouiller avec le jus de gibier et compléter à hauteur avec un peu de fond de légumes, ajouter la garniture aromatique, laisser mijoter 1 h env., filtrer, laisser réduire à l'état sirupeux, monter légèrement au beurre et rectifier l'assaisonnement, ajouter les airelles
50 gr	de mirepoix	
0,1 dl	de cognac	
2 dl	de vin blanc	
1 dl	de jus de gibier	
1 dl	de fond de légumes	
1	garniture aromatique (1 racine de benoîte, 4 baies de genièvre, 1 feuille de laurier)	
20 gr	de beurre	
40 gr	d'airelles	
1	chou vert	débarrasser les feuilles de chou de leur côte et les blanchir, beurrer des darioles (moules de verre) et appliquer les feuilles de chou assaisonnées contre les parois en les faisant dépasser d'env. 2 cm, ajuster les aiguillettes de perdreau préalablement salées et poivrées contre les feuilles de chou et remplir de champignons recouvrir avec les feuilles de chou et mettre sous vide ou, à défaut, emballer dans du cellophane, cuire 20 min au four à vapeur à 60° ou au four conventionnel à 130° pendant 45 min env.
20 gr	de beurre	
	fleur de sel	
	poivre noir	

servir avec la sauce aux airelles et une purée de rattes

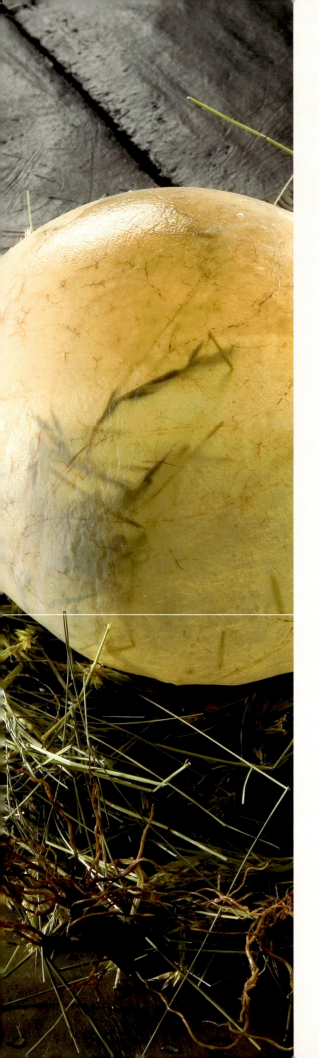

pigeon en vessie parfumé à la benoîte urbaine

pour 4 pers.

1	racine de benoîte	mixer la benoîte avec le beurre, en farcir les pigeons, puis les brider (ficeler) saler, puis rôtir les pigeons sur toutes leurs faces
40 gr	beurre	
2	pigeons	
	sel	
1	échalote	ciseler l'échalote, la faire revenir au beurre clarifié, flamber au madère, déglacer au vin rouge, mouiller avec le fond de pigeon, réduire de moitié, assaisonner de fleur de sel, poivre noir et poivre de séchouan
20 gr	de beurre clarifié	
1 dl	de madère	
2 dl	de vin rouge	
2 dl	fond de pigeon (à défaut, de volaille)	
	fleur de sel	
	poivre noir	
	poivre de séchouan	
1	vessie de porc	remplir la vessie avec le jus et les pigeons, gonfler légèrement la vessie, ficeler et cuire 25 min la vessie dans une casserole d'eau à 80°
20 gr	de beurre clarifié	ouvrir la vessie, extraire les pigeons, rôtir à nouveau au beurre clarifié, caraméliser à l'aide de quelques gouttes de verjus et de raisinée
1 c à c	de verjus	
2 c à c	de raisinée	
20 gr	de beurre frais	
		retirer les pigeons, récupérer les sucs avec le jus, laisser réduire, rectifier l'assaisonnement, monter légèrement au beurre
		servir avec un risotto vénéré ou une purée de rattes et une poêlée de champignons

cuisse de canard confite au tamarin

pour 4 pers.

4	cuisses de canard	mettre les cuisses de canard au sel env. 1h, rincer et essuyer
60 gr	de gros sel	
1	échalote	la veille, émincer les légumes, recouvrir les cuisses et mariner avec le vin blanc, l'armagnac, la mignonnette de poivre noir et les herbes aromatiques pendant une nuit
1	oignon	
1	carotte	
1	blanc de poireau	
1/2	céleri	
1	gousse d'ail	
1 c à c	de mignonnette de poivre noir	
1 dl	de vin blanc	
0,3 dl	d'armagnac	
1	branche de thym	
1	feuille de laurier	
1	racine de benoîte urbaine	
1	zeste d'orange	
1 l	de fond de volaille	dans une cocotte en fonte, déposer les cuisses et la garniture aromatique, ajouter le bouillon de volaille et la graisse de canard, cuire env. 6h à 130° (les os doivent se détacher facilement)
1 l	de graisse de canard ou d'oie	
		retirer les cuisses, détacher le premier os et faire rôtir sur la peau avec un peu de graisse de canard
20 gr	de tamarin	dégraisser le fond de cuisson et filtrer; ajouter le tamarin, laisser réduire, filtrer, et monter au beurre, rectifier l'assaisonnement
20 gr	de beurre frais	
	poivre noir	
	fleur de sel	

aiguillette de canard à la raisinée

pour 4 pers.

2	échalotes

emballer les échalotes dans une feuille d'aluminium et cuire dans un four à 200°, les refroidir, les peler et les couper en brunoise, réserver

80 gr	de cornes d'abondance

laver les cornes d'abondance, les couper en brunoise de 5 mm, réserver

2	poires tapées
0,5 dl	de madère
1 dl	de vin rouge

faire tremper les poires dans le madère et le vin rouge puis quand les poires sont gonflées, les évider et les couper en brunoise, réserver la marinade

1 c à c	d'huile d'olive

faire tomber les cornes d'abondance dans l'huile d'olive, ajouter l'échalote et les poires, assaisonner de sel et poivre, laisser refroidir

4	aiguillettes de canard

à l'aide d'un couteau effilé, fendre les aiguillettes sur leur longueur, puis les farcir avec le mélange poires, échalotes et cornes d'abondance

dans un rondeau, faire rôtir à feu doux les aiguillettes côté peau de façon à faire fondre la graisse, jeter la graisse et réserver le rondeau pour la finition

terminer la cuisson sous vide au four à vapeur à 56° pendant 25 min ou dans un four conventionnel à 100° env. 1 h

1 c à s	de raisinée
2 c à c	de balsamique
4 cl	de fond de canard
1	noix de beurre
	fleur de sel
	poivre noir

reprendre les aiguillettes dans le rondeau côté peau, déglacer avec la raisinée et le balsamique, les réserver dans une assiette au chaud, déglacer le rondeau avec la marinade des poires, flamber, réduire, mouiller avec le fond de canard, monter avec une noix de beurre, rectifier l'assaisonnement de fleur de sel et de poivre noir en mignonnette

154 / 155

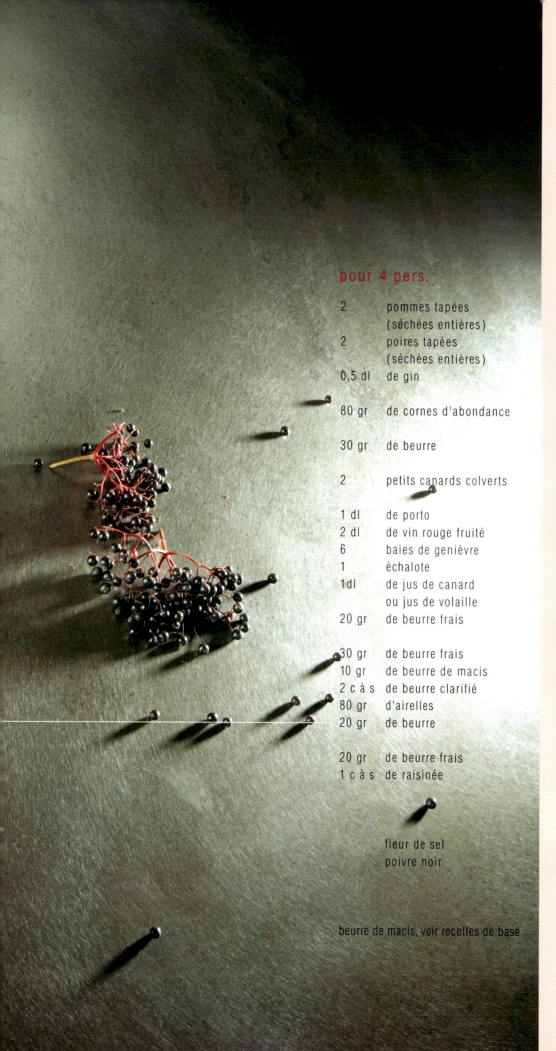

colvert rôti aux pommes et poires tapées

pour 4 pers.

2	pommes tapées (séchées entières)
2	poires tapées (séchées entières)
0,5 dl	de gin
80 gr	de cornes d'abondance
30 gr	de beurre
2	petits canards colverts
1 dl	de porto
2 dl	de vin rouge fruité
6	baies de genièvre
1	échalote
1 dl	de jus de canard ou jus de volaille
20 gr	de beurre frais
30 gr	de beurre frais
10 gr	de beurre de macis
2 c à s	de beurre clarifié
80 gr	d'airelles
20 gr	de beurre
20 gr	de beurre frais
1 c à s	de raisinée
	fleur de sel
	poivre noir

beurre de macis, voir recettes de base

vider et couper les pommes et poires en dés de 3 mm, recouvrir de gin et laisser mariner une nuit

laver les cornes d'abondance, couper en brunoise de 3 mm, réserver

dans une sauteuse, faire fondre une noix de beurre, ajouter les pommes et les poires puis les cornes d'abondance, saler et poivrer, réserver

vider les canards, flamber, retirer le reste des plumes

réduire le vin rouge, le porto, et la marinade des pommes et poires avec un peu de poivre et une échalote ciselée, le genièvre écrasé, réduire de moitié, filtrer et ajouter au jus de canard, monter au beurre et réserver

fendre les aiguillettes avec un couteau effilé, farcir avec le mélange de pommes, poires et cornes d'abondance, farcir le coffre des volatiles de beurre frais et de beurre de macis, brider et faire colorer avec le beurre clarifié sur toutes ses faces, mettre en broche et cuire 12 min env. laisser reposer 10 min env.

juste avant de servir, le glacer avec une noix de beurre frais et 1 c à s de raisinée, un peu de poivre noir

retirer les aiguillettes et les cuisses, garder au chaud

récupérer le jus de cuisson, ajouter au jus préparé

servir les aiguillettes avec le jus et le reste de la garniture de pommes, poires, cornes d'abondance et airelles juste revenues dans une noix de beurre frais

servir avec une purée de rattes, une poêlée de champignons et un chou rouge braisé

reprendre les cuisses, les rôtir encore 10 min, servir en second service avec un petit mesclun

saucisse aux choux et purée à l'œuf coulant

pour 4 pers.

4	œufs

séparer les jaunes d'œuf des blancs, mettre chacun des jaunes dans un petit pot beurré, recouvrir de papier film et mettre à tempérer 1 min dans un four à 130° ou à la vapeur à 60°

300 gr	de pommes de terre rattes

cuire les pommes de terre en robe des champs, les peler, les passer au passe-vite puis au tamis

1,5 dl	de crème
50 gr	de beurre

chauffer la crème puis verser dans les pommes de terre, ajouter le beurre, saler et poivrer, réserver

1	saucisse aux choux

plonger la saucisse aux choux à cuire 20 min dans de l'eau à 80°

200 gr	de choux de bruxelles
1	échalote
1 c à s	d'huile d'olive

couper les choux de bruxelles en brunoise, faire tomber dans un peu d'huile d'olive, réserver 50 gr de choux pour la sauce, saler, poivrer, retirer la peau de la saucisse et mélanger la chair aux choux de bruxelles

sauce

1 dl	de fond de légumes
1 dl	de crème

faire revenir une échalote ciselée, ajouter les 50 gr de choux de bruxelles, mouiller avec 1 dl de fond de légumes, réduire de moitié, crémer, porter à ébullition et mixer, réserver

fleur de sel
poivre noir

dresser sur assiette en formant une couronne de purée, mettre au centre le mélange saucisse et choux de bruxelles, déposer le jaune d'œuf dessus, assaisonner puis dresser la sauce en traits tout autour

parmentier d'agneau à l'huile de thym

500 gr	de filet d'agneau
1	gousse d'ail
1	branche de thym
1 c à s	d'huile d'olive
2	rattes
1 c à s	de beurre clarifié
4	pommes de terre agrias
1 cl	d'huile de thym
	fleur de sel
	poivre noir

couper le filet d'agneau en tronçons de 10 cm, les couper en deux dans le sens de la longueur, les frotter avec une gousse d'ail et parsemer de thym peluché, de poivre noir et d'huile d'olive

cuire les deux rattes à la vapeur, les peler et les passer au tamis, ajouter l'huile de la marinade, réserver

peler les pommes de terre agrias et les couper à la mandoline en spaghetti de 20 cm, saler, mélanger à 1 c à s de beurre clarifié

sur un papier à pâtisserie, aligner les spaghetti de pommes de terre, recouvrir de purée de rattes sur 1 mm, envelopper le filet d'agneau

rôtir au beurre clarifié dans une poêle antiadhésive, servir avec un jus d'agneau et un filet d'huile de thym

épaule d'agneau de lait aux escargots et lierre terrestre

pour 4 pers.

1	épaule d'agneau de lait
25 gr	de beurre de vin jaune
16	branches de lierre terrestre
10	feuilles de persil plat
1 c à s	d'huile d'olive
8	escargots cuits (voir cassolette d'escargots)
1	morceau de coiffe
1 c à s	d'huile d'olive
1 c à s	de jus d'oignon
1	gousse d'ail ou deux feuilles d'ail des ours

faire désosser l'épaule par le boucher

sur un cellophane, étaler l'épaule et retirer les parties les plus nerveuses, taper légèrement, assaisonner de sel et poivre au centre, déposer le beurre de vin jaune, quelques feuilles de lierre terrestre juste tombées à l'huile d'olive et le persil plat ciselé, 8 escargots coupés en deux, rouler l'épaule et l'envelopper dans une coiffe, ficeler et embrocher, cuire 20 min env. à la broche en l'arrosant avec de l'huile d'olive, le jus d'un oignon et une gousse d'ail ou deux feuilles d'ail des ours

20 gr	de beurre frais
1 dl	de vin blanc
1 dl	de jus d'agneau
25 gr	de beurre de vin jaune
8	escargots cuits
	fleur de sel
	poivre noir

laisser reposer 10 min et rôtir ensuite dans 20 gr de beurre frais, déglacer avec 1 dl de vin blanc sec, ajouter le jus d'agneau, monter au beurre de vin jaune, ajouter les 8 autres escargots et servir avec un ragoût de haricots di spello ou, à défaut, des flageolets et une pommes boulangère

beurre de vin jaune, voir recettes de base

rognonnade de veau parfumée à la flouve

pour 4 pers.

1	rognon
1	noix de beurre

dégraisser et dénerver le rognon, le couper en lanières de 2 cm de côté sur sa longueur chauffer une poêle en fonte, faire fondre un peu de graisse de rognon et rôtir les lanières de rognon rapidement en ajoutant un peu de beurre, réserver

800 gr	de filet mignon de veau
10 gr	beurre de macis
1	branche de persil plat
1	branche de céleri feuille
50 gr	de coiffe

beurre de macis, voir recettes de base

plucher le filet mignon de veau, le dérouler en une tranche de 1 cm d'épaisseur, entre deux feuilles de papier film, le taper légèrement, enlever le film et l'assaisonner de sel et poivre, étaler le beurre de macis, saupoudrer de persil et de feuilles de céleri ciselées, disposer le rognon par-dessus et rouler le tout en formant une ballotine, emballer dans une coiffe, ficeler, saler et poivrer, saisir dans une poêle avec un peu de graisse de rognon

couvrir une feuille d'alu de flouve, refermer le tout et mettre la ballotine à cuire au four à 120° 1 h env.

50 gr	de flouve
20 gr	de beurre frais
1	branche de romarin
1	échalote confite
	fleur de sel
	poivre noir
1 dl	vin blanc sec
1 dl	de fond de veau
20 gr	de beurre frais

terminer de rôtir la ballotine dans un peu de beurre frais et la flouve, retirer la ballotine, réserver dans le four à 120°

faire revenir une branche de romarin, une échalote confite et ciselée, déglacer la poêle avec le vin blanc, laisser réduire de moitié et mouiller avec un peu de fond de veau, laisser infuser la flouve 5 min, passer et monter au beurre

côte de veau en cocotte lutée parfumée à l'épicéa

pour 4 pers.

1,2 kg	de côte de veau

rôtir la côte de veau sur la graisse, puis sur toutes ses faces, réserver

50 gr	d'écorce d'épicéa en bandes
2 c à c	de jus de truffe
4	échalotes grises
4	gousses d'ail en chemise
1 dl	de jus de veau
1 c à s	d'huile d'olive
1	racine de benoîte urbaine
1	zeste d'orange
1	petite branche de romarin
8	bourgeons de sapin
	pâte à luter : farine, eau et sel
	poivre noir
	fleur de sel

blanchir l'épicéa et le mettre au fond de la cocotte, saler et poivrer la côte de veau, la déposer sur l'épicéa, arroser avec le jus de truffe, ajouter les échalotes coupées en deux, les gousses d'ail en chemise juste fendues, le jus de veau, l'huile d'olive, la benoîte, le zeste d'orange, une petite branche de romarin et les bourgeons de sapin, refermer la cocotte avec une pâte à luter, mettre au four env. 55 min à 250°

accompagner d'une purée de rattes ou disposer quelques pommes nouvelles et quelques crosnes dans la cocotte avec la côte de veau avant de luter le couvercle

côte de veau en croûte de sel parfumée au lierre terrestre

pour 4 pers.

pâte de sel parfumée

600 gr	de sel gris	mixer les herbes, mélanger le tout et laisser reposer 12 h
500 gr	de farine	
50 gr	de lierre terrestre	
	une petite branche de romarin	
1	blanc d'œuf	
1 dl	d'eau	

800 gr	de côte de veau	saisir la côte sur toutes ses faces dans 1 c à s de beurre clarifié, poivrer, réserver
1 c à s	de beurre clarifié	
	poivre noir	

1 kg	de sel marin	abaisser la pâte de sel aux herbes, emballer le veau et recouvrir de sel marin env. 2 cm cuire au four à 300° 15 min, plus 20 min au kg

sauce

1	tomate confite	couper les filets de tomate confite et le zeste de citron en brunoise, le lierre terrestre et une feuille d'ail des ours ajouter l'huile d'olive, le fond de veau et le jus de truffe
1 c à c	de zeste de citron confit	
20	feuilles de lierre terrestre ciselées	
1	feuille d'ail des ours ciselée	
1 c à s	d'huile d'olive	
1 dl	de jus de veau	
2 c à s	de jus de truffe	

gigotin de chevreuil à la broche parfumé au genièvre

pour 4 pers.

2	noix de gigotin de chevreuil	
100 gr	de lard d'arnad (lard blanc)	
1 c à s	d'huile d'olive	
4	graines de genièvre	
20 gr	beurre frais	

parer les noix de chevreuil, poivrer et piquer de lard d'arnad, il salera la viande rôtir à la broche ou saisir dans 1 c à s d'huile d'olive, ajouter quelques baies de genièvre écrasées et cuire env. 30min au four à 130° sous un cellophane, puis rôtir dans une noix de beurre frais

1	échalote
1 dl	de vin rouge
1 c à c	de racine de benoîte urbaine
1	zeste d'orange
2	baies de genièvre
2 dl	de jus de chevreuil
	gin
10 gr	de beurre frais

ciseler l'échalote et faire réduire le vin rouge avec la benoîte urbaine, le zeste d'orange, les baies de genièvre, mouiller avec le jus de chevreuil

avant de servir, ajouter une goutte de gin et monter légèrement au beurre

fleur de sel
poivre noir

servir avec des nouilles fraîches ou une pomme purée, un chou braisé, quelques airelles juste passées au beurre desserts

croquant de pommes et châtaignes aux baies d'automne

pour 4 pers.

tuiles
80 gr de beurre fondu
100 gr d'amandes broyées
100 gr de sucre glace
30 gr de farine tamisée
le jus d'une demi-orange

mélanger tous les ingrédients et travailler cette masse pour obtenir une pâte, laisser reposer, à l'aide d'un chablon, former des ronds de pâte sur du papier cuisson, mettre au four à 180°, réserver les tuiles

3 pommes golden
20 gr de beurre
30 gr de sucre

peler et détailler les pommes en boules à l'aide d'une cuillère «parisienne», glacer les pommes dans une noix de beurre, saupoudrer de sucre, caraméliser, réserver

250 gr d'airelles
250 gr de sureau
0.2 dl de calvados
0.1 dl de liqueur de cassis

faire revenir les airelles et les baies de sureau, sucrer, flamber avec le calvados, ajouter la liqueur de cassis, mixer puis passer au tamis, réserver

20 gr de purée de châtaignes
40 gr de crème
60 gr de crème à 35% en chantilly
calvados

chauffer 40gr de crème, ajouter la purée de châtaignes, laisser refroidir, parfumer au calvados, incorporer délicatement la chantilly, réserver

4 boules de glace vanille
60 gr de sucre

monter un millefeuille en intercalant purée de châtaignes et tuiles, disposer les pommes et coulis de fruits rouges, glace vanille, aspérule ou cannelle

panna cotta parfumée à l'impératoire et gelée de cerises

0,5 dl	eau
50 gr	de sucre
1	racine d'impératoire
8 gr	d'agar-agar
2 dl	de crème à 45%

500 gr	de cerises
3 gr	d'agar-agar

cuire l'eau avec le sucre, verser sur l'impératoire écorcée et pelée, filmer et laisser infuser 2h, ajouter les 8gr d'agar-agar et faire cuire 2min tout en remuant, ajouter la crème, porter à ébullition, verser dans les moules et réserver au frais

dans un cuiseur à gelée, récupérer le jus des cerises, cuire le tiers du jus avec 3gr d'agar-agar, verser sur le reste du jus et laisser refroidir légèrement, verser sur les panna cotta, mettre au frais

l'impératoire peut être remplacée par une gousse de vanille: inciser la gousse et en retirer les graines, les ajouter à la crème

la gelée de cerises doit être à peine prise

ananas rôti à la raisinée
macaron glacé à la benoîte urbaine, sauce café et impératoire

pour 4 pers.

1	ananas
20 gr	de sucre
2 c à c	de raisinée
30 gr	de sucre
1	orange
20 gr	de beurre
10	grains de café concassés
20 gr	de sucre
1 c à c	de racine d'impératoire ou 4 baies de genièvre
2 c à c	de tia maria
2	express forts
10 gr	de beurre
8	gros macarons au café
160 gr	de glace à la benoîte urbaine ou au café

peler l'ananas et le couper en tranches de 1 cm d'épaisseur, retirer le cœur et rôtir les 8 plus belles tranches dans une poêle en ajoutant petit à petit 20 gr de sucre, terminer de les glacer avec 2 c à c de raisinée, maintenir au chaud

passer les chutes d'ananas à la centrifugeuse, faire un léger caramel, déglacer avec le jus d'ananas et le jus d'une orange, réduire de moitié et émulsionner avec une noix de beurre

torréfier le café, ajouter 20 gr de sucre, la racine d'impératoire, caraméliser, déglacer au tia maria et ajouter le café, monter légèrement au beurre, filtrer et réserver

dresser l'ananas chaud, accompagner de deux macarons farcis d'une boule de glace à la benoîte urbaine, la sauce ananas et la sauce café à l'impératoire

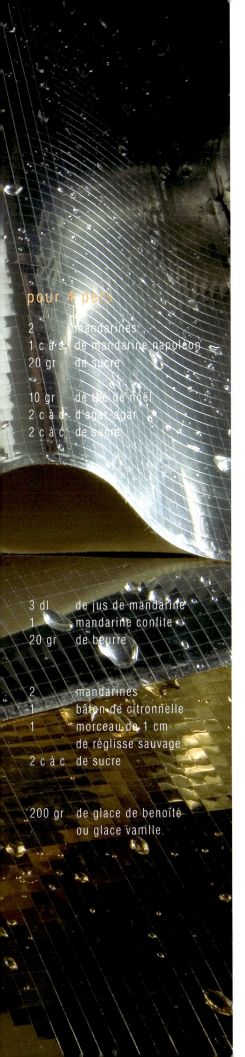

chaud-froid de mandarine en gelée de thé

pour 4 pers

2	mandarines
1 c à s	de mandarine napoléon
20 gr	de sucre
10 gr	de thé de noël
2 c à c	d'agar-agar
2 c à c	de sucre

3 dl	de jus de mandarine
1	mandarine confite
20 gr	de beurre

2	mandarines
1	bâton de citronnelle
1	morceau de 1 cm de réglisse sauvage
2 c à c	de sucre

200 gr	de glace de benoîte ou glace vanille.

retirer les suprêmes (filets) de deux mandarines, les couper en dés, saupoudrer de sucre et de liqueur de mandarine, laisser mariner 1 h env.

infuser le thé dans 2,5 dl d'eau, ajouter le jus de la marinade, filtrer et cuire deux minutes avec 2 c à c de sucre et l'agar-agar (poudre d'algue gélifiante)

dans des moules à savarin, disposer les suprêmes de mandarines et couvrir de gelée de thé, mettre au frais (on peut agrémenter de mandarines confites)

réduire le jus de mandarine de moitié, ajouter la mandarine confite en dés et mixer, ajouter 1 c à s de mandarine napoléon et 20 gr de beurre

peler deux mandarines et les couper en deux dans une poêle antiadhésive, rôtir les demi-mandarines dans le beurre, et le sucre vers la fin ajouter la citronnelle et la réglisse pelée et finement ciselée

servir avec la glace

tarte
à la raisinée

pour 4 pers.

200 gr   de pâte sucrée

abaisser la pâte en forme de disque de 3 mm d'épaisseur et foncer une plaque de 25 cm de diamètre, mettre au frigo env. 1 h

repousser la pâte vers l'extérieur et couper l'excédent, couvrir d'aluminium et remplir de haricots secs pour éviter une déformation, cuire au four à 220° env. 10 min retirer l'aluminium et les haricots

2   œufs
1   jaune d'œuf
300 gr   de raisinée

mélanger la raisinée et les œufs, laisser reposer, écumer et verser dans le fond de tarte, cuire à four doux 130° env. 20 min

chantilly
1 dl   de crème 35%
1 dl   de crème 45%
30 gr   de sucre
         cacao

à l'aide d'un cercle légèrement plus petit que la tarte et du double de hauteur découper la croûte et remplir de chantilly, lisser et saupoudrer de cacao

décorer de tuiles aux amandes ou de florentins

tarte tatin

100 gr	de sucre
40 gr	de beurre
12	pommes golden
1	gousse de vanille
	cannelle
200 gr	de feuilletage
	glace cannelle ou aspérule

dans un sautoir en cuivre de 25 cm de diamètre et 6 cm de haut, faire un caramel blond; laisser refroidir; parsemer le beurre en petites noix

peler et couper les pommes en deux dans le sens de la longueur, évider, ranger les pommes dans le sautoir, la partie bombée de la pomme contre le fond, puis disposer les autres moitiés la partie bombée vers le haut

inciser la gousse de vanille en deux à l'aide d'un couteau et en prélever les graines, les disperser sur les pommes, saupoudrer de cannelle, abaisser le feuilletage à 3 mm et recouvrir, chiqueter les bords et mettre au frigo pendant 1h cuire dans un four à 220° env. 40 min, contrôler la cuisson des pommes avec une brochette de bois ou une aiguille à brider

après cuisson, laisser reposer env. 1h puis démouler, servir tiède avec une boule de glace à la cannelle ou à l'aspérule, vanille ou benoîte urbaine

tarte fine aux pommes

pour 4 pers.

200 gr	de pâte feuilletée
4	pommes boscops
2	abricots secs

sauce orange

20 gr	de sucre
0.3 dl	de grand marnier
	le jus de 2 oranges
1	abricot sec
30 gr	de beurre frais

2 c à s	de sucre
1 c à s	d'amandes
40 gr	de beurre
	sucre glace
	glace vanille ou à l'aspérule

abaisser la pâte feuilletée à 1 mm, découper 4 disques de 15 cm de diamètre et glisser au frigo

peler et couper les pommes en fins quartiers d'un demi-centimètre d'épaisseur
détailler les abricots en cubes d'un demi-centimètre

faire un léger caramel, flamber au grand marnier, mouiller avec le jus d'orange, ajouter l'abricot en brunoise et laisser réduire, mixer avec le beurre, réserver

disposer les pommes sur les disques de pâte en intercalant les dés d'abricot, saupoudrer de sucre, de quelques noix de beurre et cuire au four à 180°

sur une plaque recouverte de papier sulfurisé, ajouter en fin de cuisson quelques amandes effilées et un peu de sucre glace, laisser caraméliser, en parsemer la tarte et servir escorté de sauce orange

accompagner d'une boule de glace à l'aspérule ou vanille

pêches plates rôties en crumble, glace à l'aspérule

pour 4 pers.

160 gr	de pâte à crumble voir recettes de base	briser la pâte à crumble en éclats de 1 cm sur une feuille de papier à pâtisserie et cuire au four à 200° env. 10 min
4	pêches plates	à l'aide d'un couteau d'office, inciser la peau des pêches et les plonger 10s dans une eau en ébullition, les retirer puis les plonger dans de l'eau froide, les peler, puis, avec un emporte-pièce, retirer les noyaux, les casser et en extraire les amandes, réserver
40 gr	de pâte à dentelle à l'orange voir recettes de base	étaler les tuiles à l'orange en formant de belles larmes de 15 cm env., parsemer d'amandes de pêche concassées et cuire à 180° jusqu'à une belle coloration blonde, les former à la sortie du four pendant qu'elles sont encore chaudes, réserver
250 gr 20 gr 1	de fruits rouges de saison de sucre citron	mixer 200 gr de fruits rouges, ajouter le sucre, quelques gouttes de jus de citron, réserver
20 gr 40 gr 0,5 dl	de beurre de sucre d'eau-de-vie de pêche	dans une poêle antiadhésive, rôtir les pêches dans un peu de beurre frais, ajouter le sucre petit à petit en faisant caraméliser les pêches, flamber avec l'eau-de-vie de pêche, laisser réduire en arrosant les pêches et réserver
250 gr	de glace aspérule	dans un moule, dresser les pêches sur la dentelle, déposer 1 cm de crumble, remplir de glace et recouvrir de 1 cm encore de crumble, dresser sur l'assiette à côté de la pêche
20	grains de poivre de guinée	accompagner de coulis de fruits rouges, quelques fruits rouges et un soupçon de poivre de guinée

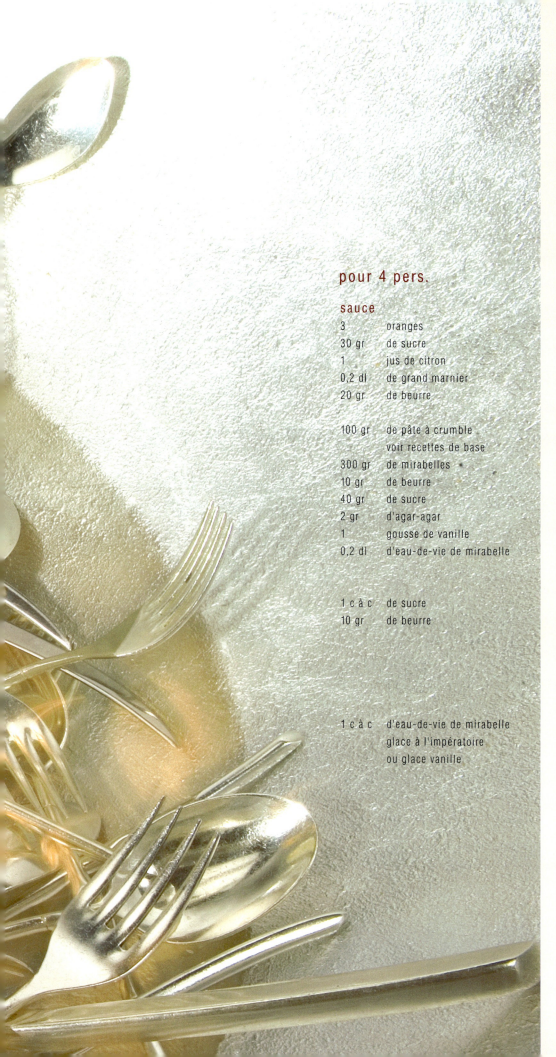

tatin de mirabelles à l'orange, glace à l'impératoire

pour 4 pers.

sauce

3	oranges
30 gr	de sucre
1	jus de citron
0,2 dl	de grand marnier
20 gr	de beurre
100 gr	de pâte à crumble voir recettes de base
300 gr	de mirabelles
10 gr	de beurre
40 gr	de sucre
2 gr	d'agar-agar
1	gousse de vanille
0,2 dl	d'eau-de-vie de mirabelle
1 c à c	de sucre
10 gr	de beurre
1 c à c	d'eau-de-vie de mirabelle glace à l'impératoire ou glace vanille

extraire le jus des oranges, faire un léger caramel ajouter quelques zestes, un filet de citron, flamber au grand marnier, réduire à l'état sirupeux, et monter au beurre

faire 4 disques de crumble de 0,5 cm d'épaisseur et 5 cm de diamètre, cuire env. 10 min au four à 200°, réserver

couper les mirabelles en deux, retirer les noyaux
dans une poêle sauter les mirabelles dans le beurre et le sucre, ajouter l'agar-agar et la vanille égrainée, flamber avec 0,2 dl de mirabelle, réserver

disposer 4 cercles-moules de 5 cm de diamètre dans un plat, ranger les mirabelles en spirales, les saupoudrer de sucre, d'une noix de beurre et glisser au four à 230°
lorsque les mirabelles sont caramélisées, retirer et laisser reposer un instant

imbiber les crumbles de quelques gouttes d'eau-de-vie de mirabelle, déposer les mirabelles sur les crumbles
avant de servir, passer au four, démouler et accompagner de la sauce orange ainsi que d'une boule de glace à l'impératoire ou à la vanille

tiramisu aux myrtilles

pâte à tuiles au cacao

300 gr	de myrtilles
20 gr	de sucre
0.1 dl	alcool de myrtille

1	œuf
1	jaune d'œuf
40 gr	de sucre
100 gr	de mascarpone
1 dl	de crème

cacao

former des tulipes avec un appareil à tuiles au cacao

mettre à macérer les myrtilles avec le sucre et l'alcool de myrtille, réserver
mixer la moitié des myrtilles avec le jus de la marinade et réserver

tiramisu
dans un bain-marie, monter les œufs et le sucre au ruban, incorporer le mascarpone et la crème battue

remplir un sac à poche et former dans chaque tulipe un puits, remplir chaque puits de myrtilles et recouvrir de tiramisu, saupoudrer de cacao et servir avec le coulis

tortue de prune

au porto parfumée aux épices, glace à l'impératoire

pour 4 pers.

18 prunes	couper les prunes en deux, enlever les noyaux et les couper en fines tranches de 1 mm beurrer et sucrer 4 petits saladiers en pyrex disposer dans chaque saladier une bande de papier à pâtisserie dépassant de 1 cm de chaque côté pour faciliter le démoulage disposer les tranches de prunes en formant une rosace
10 gr de beurre frais 20 gr de sucre 2 dl de porto 1 dl de vin rouge 1 orange 5 gr de 5 épices	couper le reste des prunes en dés et sauter au beurre avec un peu de sucre, flamber avec le porto, mouiller de vin rouge et le jus d'une orange, assaisonner avec le 5 épices et laisser compoter, remplir le moule avec un minimum de jus et mettre sous vide, à défaut, emballer dans du papier film et cuire à la vapeur pendant 20 min à 80° sortir du four
10 gr de beurre frais	réduire le jus à l'état sirupeux, mixer le reste de prunes compotées, monter légèrement au beurre
sucre glace	démouler, saupoudrer de sucre glace et glacer sous la salamandre
4 tuiles aux épices 100 gr de glace à l'impératoire ou vanille	servir avec une glace à l'impératoire et une tuile aux épices, garnir avec la sauce

tarte vaudoise au grué

200 gr	de farine
10 gr	levure chimique
1	pincée de sel
2	pincées de sucre
70 gr	le lait
90 gr	de beurre

mélanger la farine, la levure, le sel et le sucre, former une fontaine, verser le lait et émietter le beurre grossièrement, pétrir la pâte du bout des doigts sans lui donner de corps, emballer dans un film alimentaire et laisser reposer au frigo 2 h env.

abaisser la pâte à 3 mm, foncer la plaque à tarte, cuire à blanc (voir tarte à la raisinée)

15 gr	de farine
60 gr	de sucre
250 gr	de crème double
	cannelle en poudre
20 gr	de grué
	(fèves de cacao torréfiées et concassées)

saupoudrer la farine et le sucre sur la pâte abaissée, verser la crème, saupoudrer de cannelle et de grué, cuire au four à 220° env. 15 min

gelée d'or fée et sa compote de rhubarbe

pour 4 pers.

3 dl	d'or fée ou de vendange tardive chardonnay
1 c à c	mocca rase d'agar-agar
400 gr	de rhubarbe
30 gr	de sucre
2	pousses ou 1 fleur de reine-des-prés
1 dl	jus de betterave rouge
200 gr	de glace de reine-des-prés ou vanille

cuire 2min 1dl d'or fée avec l'agar-agar, verser sur le reste d'or fée puis couler dans les verre et glisser au frigo

peler la rhubarbe et la couper en dés de 1cm de coté, saupoudrer de sucre et ajouter la reine-des-prés, laisser tirer 1h et égoutter,
faire tomber la rhubarbe dans une noix de beurre et maintenir au chaud

récupérer le jus de la marinade, y ajouter le jus de betterave rouge et faire réduire à l'état sirupeux

dans les coupes remplies de 1/3 de gelée d'or fée, infiltrer le jus de betterave rouge puis déposer la compotée de rhubarbe en couronne et terminer par la boule de glace à la reine-des-prés

moelleux au chocolat au thé vert, sauce orange

pour 6 pers.

truffe
0,6 dl	eau
1 c à s	de thé vert
200 gr	de crème
120 gr	chocolat noir
50 gr	beurre

110 gr	couverture de chocolat noir
	un peu de beurre

40 gr	de farine de riz
40 gr	de poudre d'amande
2	jaunes d'œuf

2	blancs
1	pincée de sel
190 gr	de sucre

sauce
2	oranges
	un filet de jus de citron
2 cl	de grand marnier
50 gr	de beurre

rincer le thé vert dans 0,6 dl d'eau, mettre à infuser dans la crème chaude, filtrer puis verser sur le chocolat haché, mixer avec le beurre, mouler en forme

fondre la couverture et le beurre

mélanger la farine de riz, la poudre d'amande et les jaunes d'œuf, incorporer à la couverture fondue

monter les blancs d'œuf avec une pincée de sel, lorsque les blancs sont montés aux 3/4, ajouter le sucre petit à petit en pluie, incorporer délicatement les blancs dans la masse précédente petit à petit

dans une sauteuse faire un caramel avec le sucre, ajouter quelques zestes d'orange, flamber avec le grand marnier, déglacer avec le jus des oranges et un peu de jus de citron, laisser réduire et monter au beurre, réserver

couper 4 bandes de papier cuisson de 7 cm de large et 20 cm de long, chemiser des cercles de 5 cm de diamètre et 4 cm de haut, beurrer et sucrer, verser 1 cm de masse à soufflé, insérer une truffe et recouvrir de masse jusqu'à hauteur des moules et cuire les soufflés env. 12 min à 220°

servir avec la sauce orange et une boule de glace vanille ou impératoire

chocolat

éclats divers

Eclats au grué
Tabler le chocolat, parsemer des éclats de grué sur un papier plastifié (papier de fleuriste) verser le chocolat, étaler à l'aide d'une spatule et saupoudrer d'éclats de grué

Eclats au poivre
Comme ci-dessus mais saupoudrer de poivre en mignonnette

Tuiles au chocolat et amandes
Couper des bandes de papier film de 7 cm de large caraméliser les amandes et les concasser
à l'aide d'un chablon, étaler le chocolat tablé sur les bandes de papier film et saupoudrer d'amandes caramélisées, déposer la bande de papier film dans une rigole, laisser refroidir

Tablage du chocolat
(procédé qui sert à rendre le chocolat croquant et brillant)

Fondre le chocolat entre 45° et 55°, retirer env. les 3/4 et le travailler sur un marbre jusqu'à ce qu'il prenne un aspect semi-liquide, le remettre dans la masse chaude, la température devrait être de 26° à 29° puis remonter la température à 28° à 31°
plus le chocolat est noir, plus il sera travaillé chaud
Lire les températures de tablage sur le paquet de couverture

truffé chocolat orange

pour 4 pers.

45 gr	de chocolat orange à 70%
50 gr	de jaune d'œuf
30 gr	de sucre
65 gr	de blanc d'œuf
30 gr	de sucre

fondre le chocolat, ajouter les jaunes et 30 gr de sucre

monter les blancs d'œuf en neige avec les 30 gr de sucre, mélanger à la première masse, puis verser et étaler sur une épaisseur de 1 cm sur un papier pâtisserie
cuire 10 min env. à 180°

mousse chocolat orange

45 gr	de sucre
90 gr	de jaunes d'œuf
135 gr	de chocolat noir
150 gr	de crème fouettée
1	zeste d'orange finement haché

cuire le sucre à 121°, verser sur les jaunes d'œuf tout en fouettant jusqu'à complet refroidissement, verser sur le chocolat fondu, incorporer le zeste et terminer en incorporant la crème fouettée dans la masse à 35° env.

glaçage

150 gr	de pâte à glacer brune
30 gr	de chocolat noir à 70%
75 gr	de sirop à 30°
	(40 gr d'eau et 40 gr de sucre)
60 gr	de crème
15 gr	de glucose

fondre le chocolat et mélanger tous ces ingrédients
dans un moule, monter le biscuit et la mousse, lisser et mettre au frigo
sur une grille, glacer le truffé et décorer de quelques zestes d'orange et éclats de chocolat orange

la photographie présente ce truffé sur un socle fantaisie en chocolat au-dessus d'une sculpture d'Etienne Krähenbühl

truffes à la raisinée

50 gr	de crème
100 gr	de chocolat à 70% de cacao
10 gr	de glucose
10 gr	de beurre pommade
70 gr	de raisinée
200 gr	de chocolat à 70% de cacao

faire bouillir la crème, la raisinée et le glucose, verser sur 10 gr de chocolat haché finement, ajouter le beurre et remuer doucement jusqu'à ce que l'appareil soit lisse

laisser reposer 2 h , former des boules ou tout autres formes puis les tremper dans le chocolat tablé et laisser refroidir

on peut rouler les boules dans le cacao et laisser prendre dans un endroit sans courant d'air à une température de 19° env.

truffes à la chartreuse

50 gr	de crème
100 gr	de chocolat à 70% de cacao
10 gr	de glucose
10 gr	de beurre pommade
70 gr	de raisinée
200 gr	de chocolat à 70% de cacao

bouillir la crème et le glucose

verser sur le chocolat haché, remuer en incorporant la chartreuse et le beurre

laisser 2 h au frigo et procéder comme pour les truffes à la raisinée

recettes de base

consommé de bœuf

Pour 2 l

2,5 kg de viande de bœuf maigre
2 oignons
1 carotte
1 céleri 1 poireau
1 bqt de persil
poivre noir
2 feuilles de laurier
0,2 dl
2 clous de girofle
(1 racine de benoîte urbaine)
5 blancs d'œuf
sel marin (ne pas saler la clarification)

clarification

hacher la viande puis les légumes à la grille grossière, ajouter les blancs d'œuf, le laurier, les clous de girofle, le poivre concassé, bien malaxer la pâte, recouvrir de glaçons et mettre au frigo 24 heures

le lendemain

mouiller avec un bouillon de bœuf ou un bouillon de légumes, voire de l'eau, laisser cuire à 95° pendant 5 heures tout en écumant régulièrement, passer à travers une étamine, réduire de moitié, rectifier l'assaisonnement

pour obtenir une base de sauce réduire à l'état sirupeux

jus de viande

300 gr de parures de viande
1 c à s huile d'olive
200 gr de mirepoix
1 tomate mûre ou une *pellati*
5 dl de vin blanc ou rouge selon la viande
viande blanche, blanc.
viande rouge rouge
1 l de fond de légumes
fleur de sel
poivre noir
1 branche de thym
1 feuille de laurier
1 c à s de benoîte urbaine ou 1 clou de girofle

dans un braisière faire colorer les parures coupées en petits dés, ajouter la mirepoix, continuer à faire revenir avec une jolie coloration puis pincer la tomate concassée, déglacer avec le vin et mouiller avec un fond de légumes ou à défaut de l'eau, ajouter la garniture aromatique et laisser cuire à feux doux pendant 3h en remouillant si nécessaire, passer et laisser réduire à 2 dl

les parures de bœuf, de veau, de volaille et de gibier sont valables pour bon nombre de préparations

(veau et volaille = vin blanc)
(bœuf, agneau et gibier = vin rouge)

fond de volaille brun

2 poules
2 c à s d'huile d'olive

2 oignons

1 gousse d'ail
1 carotte
1 poireau
1 céleri pomme
2 c à s d'huile d'olive
1 l de vin blanc
1 bouquet de persil
1 branche de thym
1 branche de romarin
2 feuilles de laurier
clous de girofle
fleur de sel
poivre noir
(mignonnette)

vider les poules, conserver les foies, les gésiers, les cœurs et les cous

découper les poules en morceaux, rôtir avec d'huile d'olive d'une belle couleur blonde, réserver

couper les oignons en deux, les brûler dans une poêle à sec, réserver

tailler le poireau, la carotte, le céleri en paysanne grossière, faire revenir à l'huile d'olive, ajouter la poule, les oignons, la gousse d'ail pelée et dégermée, le bouquet de persil, le laurier, le thym, le romarin, le girofle, le poivre noir, saler légèrement, ajouter le vin blanc et mouiller à hauteur d'eau ou de bouillon de légumes, ajouter le cou, le foie, le gésier et laisser frémir 2 heures à 90° passer et réduire jusqu'à la valeur de 2 dl, rectifier l'assaisonnement

fond de pigeon

600 gr de carcasses de pigeons
20 gr beurre clarifié
1 oignon
1 échalote
1 branche de thym
1 branche de romarin
2 cl de cognac
2 dl de vin blanc
3 dl de fond de légumes
poivre noir
fleur de sel

colorer les carcasses avec le beurre clarifié, rajouter l'oignon et l'échalote coupés en petite mirepoix. faire colorer légèrement, ajouter les herbes aromatiques, flamber au cognac, déglacer avec le vin blanc et mouiller avec le bouillon de légumes, saler, poivrer, laisser mijoter à feu doux pendant 1h puis filtrer et laisser réduire de moitié env., rectifier l'assaisonnement

fond de poisson

1 kg d'arêtes de soles ou de turbots ou les deux

1 carotte
1 céleri boule
1 oignon
1 poireau
1 bouquet de persil
2 c à s d'huile d'olive

1 l de bouillon de légumes
200 gr de champignons de paris
2 branches de persil
1 feuille de laurier
1 clou de girofle
0,5 dl de vin blanc
fleur de sel
poivre noir

dégorger les arêtes à l'eau courante,

peler et couper les légumes en paysanne grossière, faire revenir les légumes dans l'huile d'olive, ajouter les arêtes de poisson, continuer à les faire revenir, puis déglacer avec le vin blanc,

mouiller à hauteur de bouillon de légumes ou d'eau, ajouter les herbes aromatiques et les champignons, le persil, cuire à feu doux 20 min, en retirant les impuretés à l'aide d'une écumoire régulièrement, passer à l'étamine ou au travers d'une passoire fine, donner une ébullition, faire réduire de moitié, peut être conservé dans des sachets à glaçons au congélateur

tapenade

100 gr olives noires
30 gr de câpres
20 gr filets d'anchois
1 gousse d'ail
20 gr de pignons rôtis
piment d'espelette
fleur de sel
poivre noir
1 dl d'huile d'olive

dans un mixer, mixer le tout et mettre dans un bocal, recouvrir d'un peu d'huile d'olive

crème de chou-fleur

50 gr de chou-fleur
1 dl de crème 35%
fleur de sel
poivre noir

cuire le chou-fleur au naturel, si possible sous vide
donner une ébullition à la crème et mixer avec le chou-fleur, saler et poivrer

curry de maïs

2 échalotes
1/2 gousse d'ail
1 c à s d'huile d'olive
3 c à s de maïs égrainé
2 c à s curry
1 dl de vin blanc
2 dl de fond de poisson / fond de volaille selon l'emploi

0,5 dl de lait de coco
1 dl huile d'olive

fleur de sel
poivre noir

ciseler les échalotes et l'ail dégermé, faire revenir dans une c à s d'huile d'olive, ajouter le maïs et le curry, continuer de faire revenir et déglacer avec le vin blanc, mouiller avec le fond de poisson, fond de crustacé ou fond de volaille, selon l'usage,

laisser réduire, ajouter le lait de coco réduire à nouveau à l'état sirupeux, monter à l'huile d'olive, rectifier l'assaisonnement avec la fleur de sel et poivre noir

tomates confites

1 kg de tomates
2 gousses d'ail en chemise
2 branches de thym
0,5 dl huile d'olive
fleur de sel
poivre noir

monder les tomates, les couper en quartiers, retirer les pépins avec un couteau
frotter un plat à l'ail disposer les filets de tomates, saler et poivrer, parsemer de pluches de thym et glisser au four à 80° pendant 6 h en les retournant à mi-cuisson

crème de berce

20 fruits de berce
1 dl de crème à 45%
fleur de sel
poivre noir

hacher finement la berce et mélanger à la crème, saler, poivrer, laisser tirer 1 h, servir

si on veut la servir chaude donner une ébullition et la mixer

beurre de citron confit

200 gr de beurre
2 citrons confits
5 gr fleur de sel

retirer les zestes de citrons confits, retirer les parties blanches, mixer avec le beurre, le sel, faire un rouleau avec un papier cellophane et mettre au congélateur

huile de légumes

2 dl de jus de légumes
0,3 dl d'huile d'olive
20 gr de gelée de veau
assaisonnement
fleur de sel
poivre noir

passer les légumes à la centrifugeuse, faire réduire de moitié, à l'état légèrement sirupeux, émulsionner avec l'huile d'olive et rajouter la gelée de tête de veau coupée en brunoise, si nécessaire assaisonner

beurre de vin jaune

4 échalotes ciselées
5 gousses d'ail dégermées
100 gr persil plat et frisé
50 gr feuilles de céleri
30 gr cerfeuil
20 gr thym
10 gr romarin
2 dl de vin jaune du jura
(château chalon
de préférence)
500 gr de beurre
fleur de sel
poivre noir

mixer tous les ingrédients, puis ajouter le beurre et le vin jaune petit à petit, continuer à mixer afin d'obtenir un beurre homogène
(peut se mettre en portions au congélateur)

pâte à ravioli

100 gr farine blé dur
100 gr farine blanche
8 jaunes d'œuf
1 c à s eau chaude
1 citron
2 c à c d'huile d'olive
1 pincée de sel 2 gr env.

tamiser les farines et les mélanger avec les jaunes d'œuf, ajouter l'eau chaude salée, l'huile d'olive, un filet de jus de citron, pétrir le tout jusqu'à obtention d'une pâte lisse

pâte feuilletée

détrempe

500 gr de farine
600 gr de beurre
2,5 dl d'eau
1 citron
1 pincée de sel

mélanger la farine avec 100 gr de beurre en morceaux, l'eau, un filet de citron et une pincée de sel

emballer dans un film et mettre au frais 5 h

abaisser la détrempe en formant un rectangle de 20 cm sur 60 cm et d'une épaisseur de 1 cm

dans une feuille de papier film rouler le beurre en formant un rectangle de 18 cm sur 30 cm env., placer le rectangle de beurre sur un côté de la détrempe et rabattre l'autre côté, souder tous les côtés en pinçant la détrempe et emballer dans un papier film, mettre au frais env. 2 h

donner 4 tours doubles à 2 h d'intervalle, puis un tour simple, veiller à toujours emballer la pâte dans un film entre chaque opération

pour un feuilletage au chocolat ajouter 50 gr de cacao dans la détrempe

pâte sucrée

500 gr farine
250 gr beurre
150 gr de sucre
50 gr poudre d'amandes
1 œuf et 1 jaune
0,5 dl de lait
1 pincée de poudre à lever

mélanger le sucre, la farine, la poudre à lever, la poudre d'amandes, ajouter le beurre en morceaux, briser le tout entre les deux paumes des mains en formant une semoule grossière, former une fontaine, ajouter l'œuf, le lait, travailler le tout jusqu'à obtention d'une pâte homogène, emballer dans un papier film et mettre au frigo 2h minimum

pâte brisée

500 gr de farine
200 gr de beurre
50 gr de saindoux
1 œuf
1 dl d'eau
0,5 dl de lait
1 pincée de sel

couper le beurre en morceaux de 1 cm env., mélanger à la farine en le brisant entre les deux paumes des mains, ajouter le saindoux et l'œuf, puis l'eau et le lait, le sel, travailler le tout, former une boule, l'emballer dans un papier film et mettre au frais au min 2h.

pâte à cigarettes

50 gr de beurre
50 gr de farine
2 c à s de blanc d'œuf
50 gr sucre glace

fondre le beurre, ajouter la farine, le sucre et les blancs d'œuf, mélanger afin d'obtenir une pâte lisse, mettre au frigo

chablonner sur un Silpat ou un papier pâtisserie, cuire au four à 180°
pour des cigarettes au chocolat remplacer 10 gr de farine par la même quantité de chocolat en poudre

cigarettes aux épices

75 gr de beurre
60 gr de sucre
35 gr de jaune d'œuf
45 gr de farine
30 gr de blanc d'œuf
1 pointe de couteau de poudre à lever
3 gr de mélange 5 épices
1 gr de cannelle en poudre
25 gr de sucre

dans un batteur faire mousser le beurre et 60 gr de sucre, ajouter les jaunes d'œuf, la farine, la poudre à lever, les épices et incorporer les blancs montés en neige avec 25 gr de sucre
dresser avec un chablon selon l'utilité

arlettes

200 gr de feuilletage
200 gr de sucre glace

abaisser le feuilletage à 2 mm d'épaisseur en formant un rectangle puis l'humecter et le garnir si nécessaire de café ou de mélange d'épices (5 épices), voire du pavot, etc.

rouler et former un boudin de 3 à 4 cm de diamètre, mettre au congélateur

couper en rondelles de 3 mm d'épaisseur et les rouler à nouveau dans du sucre glace, tamiser afin d'obtenir des arlettes très fines
les mettre entre deux Silpat
cuire 7 à 8 min à 180°.

retirer et mettre dans une boîte hermétique.

citrons confits

1 kg de citrons
2 kg de sel gris de guérande

laver et fendre les citrons, les disposer dans un bocal en alternant successivement les couches de citron puis de sel, fermer le bocal et mettre au frais (à la cave) patienter env. 30 jours avant de consommer

biscuits Joconde

60 gr d'amandes poudre
50 gr de farine
4 jaunes d'œuf
1 œuf
120 gr sucre
4 blancs d'œuf

tamiser les amandes et la farine
monter les jaunes d'œuf et l'œuf avec le sucre au ruban, ajouter délicatement le mélange farine et amandes, monter les blancs avec une pincée de sucre et les incorporer délicatement
étaler sur un papier pâtisserie env. 1/2 cm et cuire au four à 230° env. 15 min

riz vénéré

40 gr de riz vénéré
1 échalote
3 dl de fond de légumes

cuire le riz vénéré comme un risotto, retirer une c à c de riz et le mixer avec du bouillon de légumes et du jus de truffes afin d'obtenir une crème de riz, ajouter du riz en grains
saler et poivrer

pomme purée

300gr de pommes de terre, rattes de préférence
1 dl de crème à 45%
2 c à s d'huile d'olive
fleur de sel
muscade

cuire les pommes en robe à la vapeur, peler et passer au passe-vite, passer au tamis fin, chauffer la crème et incorporer aux pommes de terre, ajouter l'huile d'olive et assaisonner de fleur de sel et muscade fraîchement râpée

crumble

1 bâton de vanille
80 gr de beurre
60 gr de farine
60 gr d'amandes
80 gr de sucre
1 zeste d'orange
un soupçon
de fleur de sel

fendre la gousse de vanille, retirer les graines et mélanger tous les ingrédients, laisser reposer une nuit

crème anglaise

4 dl de lait
1 dl de crème
5 jaunes d'œufs
100 gr de sucre
1 bâton de vanille

fendre la vanille, extraire les graines et les mettre dans le lait
blanchir les œufs avec le sucre, mélanger avec le 1/3 du lait, puis verser délicatement le reste du lait et la crème chaude, amener à la rose, env. 85°, débarrasser dans une terrine froide, saupoudrer de sucre et filmer

macarons, macarons café

pour 4 pers.

180 gr de sucre glace
170 gr de poudre d'amandes

240 gr de blanc d'œuf
1 gr de blanc en poudre
100 gr de sucre glace

10 gr d'extrait de café

mélanger 180 gr de sucre et les amandes et passer au tamis

monter les blancs d'œuf et la poudre de blancs en neige avec 100 gr de sucre, incorporer délicatement le mélange sucre-amandes

incorporer dans une petite partie de la masse l'extrait de café puis l'incorporer au reste de la masse

à l'aide d'un sac à dresser muni d'une douille unie, dresser sur une Silpat ou à défaut un papier pâtisserie, laisser reposer une heure environ afin de former une croûte, cuire au four 2 min à 210° et 5 min à 180°

pour les macarons farcis, retirer 1 à 2 min plus tôt et dévisser les coques de façon à laisser la base du macaron sur la plaque
Incorporer les bases des macarons à la glace
farcir les coques de macarons au dernier moment et servir

pour d'autres macarons, il suffit de changer l'arôme

crème brûlées diverses

1 gousse de vanille
2 dl de crème à 45%
1 dl de crème à 35%
60 gr de jaunes d'œuf
60 gr de sucre
40 gr cassonade

mélanger la crème 45% et 35% fendre la gousse de vanille, avec un couteau, en extraire les graines, les ajouter à la crème, ainsi que tous les autres ingrédients, verser dans des ramequins ou autres moules, et cuire au four à vapeur à 85°en ayant soin de les recouvrir d'un cellophane 1h env., mettre au frais

saupoudrer de cassonade et passer à l'infrarouge ou sous la flamme de gaz pour les caraméliser

on peut verser différents sirops au fond des moules, raisinée, sureau, fruits rouges, etc.

pour d'autres parfums tels: l'aspérule, l'impératoire, la benoîte urbaine, la lavande, le mélilot, etc.

il suffit de chauffer la crème et de laisser maturer une nuit au frigo, de filtrer et de procéder comme pour celle à la vanille

pour une crème brûlée au café ajouter 1 jaune et rajouter 30 gr de café serré

crème pâtissière

5 dl de lait
1 bt de vanille
5 jaunes d'œuf
100 gr de sucre
65 gr de fécule

fendre la gousse de vanille en deux et laisser tirer dans le lait env. 2 h
blanchir les œufs et le sucre ajouter un tiers du lait froid
mélanger le reste du lait et la fécule petit à petit porter à ébullition tout en remuant
verser sur les œufs blanchis tout en remuant, donner encore un bouillon et débarrasser dans un cul de poule froid, saupoudrer de sucre et filmer lorsque la crème est froide passer au tamis

glace vanille

5 dl de lait
125 gr de sucre
3 bt de vanille
6 jaunes d'œufs
125 gr de sucre
5 dl de crème à 45%

fendre les bâtons de vanille, les égrainer et mettre dans le lait avec la moitié du sucre, monter à ébullition, filmer et laisser reposer 2h
blanchir les jaunes avec le reste du sucre, verser le lait dessus, cuire à la rose 85° et turbiner, ajouter la crème à la fin

glace à l'impératoire

5 dl de lait
125 gr de sucre
1 racine d'impératoire
125 gr de sucre
6 jaunes d'œuf
5 dl de crème

chauffer le lait avec la moitié du sucre et l'impératoire préalablement débarrassée de son écorce, filmer et laisser reposer 2 h
blanchir les œufs avec l'autre moitié du sucre, verser le lait et cuire à la rose 85°, turbiner, ajouter la crème à la fin

cardons au naturel

500 gr de cardons
2 l de bouillon de légumes
1 jus de citron
ou de la vitamine c
1 c à s d'huile d'olive
1 sucre
fleur de sel
poivre noir

peler les cardons, les couper en tronçons réguliers,
dans une casserole couvrir les cardons de bouillon de légumes, ajouter le jus d'un demi-citron ou une pointe de vitamine c, saler, poivrer, ajouter l'huile d'olive, cuire à feux doux 1 h env.
on peut les cuire sous vide en mettant 2 dl de bouillon de légumes et cuire à 100° pendant 1h dans de l'eau ou à la vapeur

herbier

Recommandation importante

Pour reconnaître les plantes avec certitude et apprendre à les utiliser au mieux, il est souhaitable d'aller les découvrir sur le terrain, dans leur environnement naturel, et d'apprendre à les cuisiner avec des spécialistes.

Vous pouvez accompagner François Couplan et Françoise Marmy, auteurs des descriptions botaniques de cet ouvrage, dans les stages de découverte des plantes sauvages comestibles et médicinales qu'ils organisent régulièrement en Suisse, en France et en Belgique.

François Couplan est également l'auteur de plusieurs ouvrages décrivant les plantes sauvages comestibles de nos régions afin de pouvoir les cueillir en toute sécurité, dont *l'herbier à croquer*, idéal pour les débutants, paru chez le même éditeur.

Pour tous renseignements

Visitez leur site sur Internet :   http://www.couplan.com

e-mail : fc@couplan.com

François Couplan et Françoise Marmy

François Couplan est spécialiste des utilisations traditionnelles des plantes sauvages et cultivées, qu'il a étudiées sur les cinq continents. Ethnobotaniste (docteur ès-sciences, chevalier de l'Ordre du mérite agricole), il enseigne depuis 1975 les utilisations des plantes sauvages en Europe et aux États-Unis sous forme de stages pratiques sur le terrain. À sa formation scientifique, il joint une expérience approfondie de la vie au sein de la nature, qu'il a explorée à travers le monde. Il vécut en particulier avec plusieurs tribus indiennes d'Amérique du Nord, dont il recueillit la tradition.

François Couplan est l'auteur de plus de 35 ouvrages sur les plantes et la nature. Il contribue régulièrement à divers magazines et a créé l'Institut de recherches sur les propriétés de la flore. Il s'attache à mettre en valeur les végétaux comestibles méconnus et à les faire connaître aux restaurateurs et au public par le biais de conférences, de stages, de prestations personnalisées, de publications et des médias. Il collabore dans plusieurs pays avec de grands chefs cuisiniers à la réhabilitation des saveurs oubliées.

Françoise Marmy anime des stages de découverte et de cuisine des plantes depuis vingt ans. Elle se passionne pour la réalisation de jardins semi-sauvages accueillant de bonnes «mauvaises herbes» et des légumes oubliés. Elle ne cesse d'élargir ses compétences au cours de voyages botaniques et par la pratique de l'herboristerie.

216 / 217

Suisse

Ès Écouages
CH-1692 Massonnens
Tél. : 026 653 19 78
Fax : 026 653 27 47

France

Haut Ourgeas
FR-04330 Barrême
Tél. : 04 92 34 25 29

de France ou de Belgique :

Tél. : 00 41 26 653 19 78
Fax : 00 41 26 653 27 47

Oxalis

Un regard superficiel n'y décèlerait qu'un vulgaire trèfle, quoique le couvert des épicéas ne soit guère l'habitat naturel des légumineuses fourragères. En effet, ses feuilles se composent de trois folioles vert clair en forme de cœur renversé. Mais les papilles à l'affût de saveurs nouvelles ne s'y tromperont pas: ce léger goût acidulé rappelant la pomme verte ne saurait appartenir à un trèfle. C'est l'oxalis des bois, souvent surnommé «pain de coucou». Son nom le dit bien: il dérive du grec *oxus*, «acide». On admirera ses délicates fleurs à cinq pétales blancs veinés de rose. Ses fruits sont de petites capsules qui éclatent à maturité en projetant au loin les graines.

Salsifis

On dirait un grand pissenlit monté sur tige au milieu des herbes des prés. D'ailleurs ses longues feuilles étroites pourraient être prises pour celles d'une graminée. Mais il suffit d'en couper une pour en voir sourdre un latex blanc, bientôt rougeâtre. Les hautes tiges dressées du salsifis portent de généreux capitules jaune d'or qui s'épanouissent le matin puis se referment vers le milieu du jour et restent clos jusqu'au lendemain. Comme chez le pissenlit, toutes les fleurs sont en languette. Autre ressemblance avec ce dernier, de grosses boules duveteuses apparaissent après la floraison, formées de dizaines de parachutes de dentelle qui transporteront les graines au loin. On pourrait consommer la racine de ce cousin du salsifis cultivé, natif dans la région méditerranéenne et décoré de beaux capitules violets. Mais le meilleur chez notre plante est aussi le plus accessible: les jeunes boutons floraux cueillis, avant qu'ils n'éclosent, avec le sommet tendre de la tige sont tendres et sucrés.

Épiaire

Son odeur d'humus, légèrement déplaisante, ne laisse guère soupçonner ses qualités intrinsèques. L'épiaire des bois, c'est du cèpe! Il faut, pour s'en rendre compte, longuement froisser ses larges feuilles dentées jusqu'à ce que se manifeste le parfum caractéristique du roi des champignons. Commune au bord des chemins forestiers, l'épiaire trahit sa parenté avec la menthe par une tige carrée et des feuilles opposées, c'est-à-dire disposées deux à deux, face à face. Ses belles fleurs d'un pourpre foncé, munies de deux lèvres distinctes, sont groupées au sommet des tiges en un long épi décoratif. De là vient son nom: épi-aire.

Lierre terrestre

Rien à voir avec le lierre aux feuilles vernissées qui grimpe sur les arbres et les murs. Le lierre terrestre est un cousin de la menthe et de la mélisse, ce que pourrait suggérer son parfum citronné, légèrement alourdi par des effluves de fond des bois. Ses feuilles disposées en vis-à-vis et ses jolies fleurs bleu violacé à deux lèvres, l'inférieure tachetée, confirment son appartenance à la grande famille des labiées. Jadis, le lierre terrestre servait à aromatiser la bière. Il possède également la vertu d'apaiser la toux.

Égopode

Les longs rhizomes qui propagent l'égopode en font une terrible «mauvaise herbe» qui fait frémir les jardiniers. On le reconnaît aisément à ses feuilles divisées en trois puis de nouveau en trois, avec un pétiole de section triangulaire muni sur le dessus d'une gouttière. On peut aisément le sentir en faisant rouler le pétiole entre les doigts. Le goût marqué de notre plante rappelle celui du céleri, voire de la carotte, ses cousins au sein de la grande famille des ombellifères. L'égopode est l'«herbe-aux-goutteux»: on sait depuis l'Antiquité le mettre à profit pour soigner la goutte ou «podagre» car ce diurétique permet d'éliminer les dépôts d'acide urique. Pour cette raison, on le surnomme aussi «podagraire».

Ail des ours

Les immenses tapis verts de l'ail des ours couvrent par endroits des hectares de bois frais. Dès le mois de mars paraissent deux feuilles molles et charnues, larges et allongées, d'un vert luisant. La tige unique se coiffe bientôt d'un bouton allongé qui s'épanouira en une ombelle de petites fleurs d'un blanc pur à six pétales. Les fruits sont formés de trois loges arrondies contenant chacune une graine noire sphérique. Toutes les parties de la plante dégagent, à peine froissées, une puissante odeur d'ail. Mais attention aux confusions possibles avec le colchique, l'arum ou le muguet, fort toxiques. La cueillette des plantes sauvages requiert connaissance, attention et prudence!

Berce

Médicinale hors pair, excellent légume sauvage, condiment étonnant..., la berce spondyle est à coup sûr l'une de nos plantes spontanées les plus injustement méconnues. Dans tous les prés abonde pourtant cette grande plante vivace couverte de poils blanchâtres. Ses amples feuilles forment une touffe opulente à la base de la plante ou se laissent porter par une tige robuste. Leur pétiole épais se dilate à sa base en une large gaine rougeâtre enfermant la jeune inflorescence. Les fleurs blanches sont réunies en grandes ombelles aplaties qui attirent les mouches. Les fruits aplatis, à allure de «graines», dégagent au froissement un fort parfum d'agrumes. Leur saveur aromatique et piquante évoque le gingembre. Le nom de notre plante ne vient pas de «bercer» mais du germanique *Bär*, «ours». En effet, la berce est velue comme un ours et ses jeunes feuilles ont une forme de patte griffue. Sur Vaud et Fribourg, les berces sont les «cuques» ou les «cutches». Ailleurs, notre plante est tout simplement l'«herbe-à-lapins» car ceux-ci en raffolent. À juste titre.

Carotte sauvage

En milieu d'été, lorsqu'elle fleurit, la carotte sauvage se remarque au bord des chemins. On constate avec surprise en la déterrant que le goût et l'odeur de sa racine sont semblables à ceux des carottes de nos jardins mais que leur couleur est blanche ou violacée, jamais orange. Pendant longtemps d'ailleurs, nos ancêtres cultivèrent des carottes blanches, jaunes ou violettes, issues de ces précurseurs sauvages. Ses feuilles finement découpées ont fait attribuer par les Anglo-Saxons à la carotte sauvage le délicieux surnom de *Queen Anne's lace*, «dentelle de la reine Anne». Les fleurettes en ombelles légères, toutes blanches, portent souvent une fleur pourpre, stérile, au centre. Puis apparaissent des fruits velus sur de longs pédoncules repliés en une sorte de nid d'oiseaux. Il faut les froisser entre les doigts pour découvrir leur incroyable parfum de poire, plus précisément de *Williamine*. Mais il faut les choisir mûrs à point car si on les cueille trop tôt, ils sentent la térébenthine, ce qui est moins agréable...

Coquelicot

Du coquelicot, tout le monde connaît les grandes fleurs rouges à quatre pétales chiffonnés, minces comme du papier de soie et vite caducs. Mais peu de personnes sont capables de reconnaître ses feuilles découpées et velues. En début d'année leurs rosettes sont pourtant communes dans les terres fraîchement remuées. On les arrache des jardins sans les reconnaître: le coquelicot avant floraison n'est qu'une «mauvaise herbe» parmi tant d'autres. Dommage! En fait, les feuilles de coquelicot sont l'un de nos meilleurs légumes sauvages. Délicates aussi, les jeunes capsules, ovaires immatures des fleurs, ont une saveur de noisette. Les graines qu'elles renferment en nombre incalculable fournissaient aux Romains une huile alimentaire. Mais elles sont minuscules et leur récolte est fastidieuse. Contrairement à une croyance répandue, le coquelicot, bien que cousin du pavot somnifère, est totalement dénué de toxicité.

Reine-des-prés

Il arrive par les beaux soirs d'été, en s'approchant d'un ruisseau, de sentir dans la douceur qui tombe une odeur puissante mais très suave. Ces effluves qui envahissent l'air d'un mélange entêtant de musc et de vanille émanent d'une grande plante herbacée vivace, très élégante avec son feuillage découpé et sa floraison vaporeuse: la reine-des-prés. La tige dressée, rougeâtre, porte des feuilles divisées en folioles dentées d'un vert vif. Les fleurs blanc crème, délicieusement odorantes, sont disposées en grappes composées irrégulières s'évasant vers le haut. Les fruits sont de petites boules vertes spiralées, particulièrement odorantes au froissement. La reine-des-prés forme de grandes colonies dans les prairies humides et au bord des eaux. Lorsque l'on froisse les feuilles, une forte odeur pharmaceutique se dégage au bout de quelques instants. Elle est due au salicylate de méthyle qui donna naissance à l'aspirine - qui fut nommée d'après notre plante, jadis connue sous le nom de «spirée ulmaire».

Raiponce

Sur les talus ombragés des sous-bois s'observent fréquemment les belles colonies de la raiponce en épi. Ses larges feuilles échancrées en cœur à la base et aiguës au sommet présentent souvent en leur centre une tache d'un brun violacé. Plus tard se développe la tige unique, dressée, portant quelques feuilles plus petites. Elle se coiffe d'un long épi de fleurs échevelées, torche de couleur crème ébouriffée d'éperons, d'étamines et de pétales en haillons. La racine de raiponce, renflée et charnue, est comestible. Le latex jaune que contient son écorce la rend légèrement piquante crue. Son goût agréable rappelle celui du radis. Attention, cueillir sa racine tue la plante! On ne peut se le permettre que si elle abonde là où l'on se trouve. Et encore faudra-t-il se montrer parcimonieux. Une cueillette consciente est mue par le respect. Plus faciles à récolter, les feuilles de raiponce sont bonnes crues ou cuites. Les jeunes inflorescences encore fermées font de succulentes «asperges». Leur saveur est délicate, sucrée, légèrement aromatique, et leur texture moelleuse.

Benoîte urbaine

Malgré l'épithète de son nom, la benoîte urbaine foisonne dans les lisières des bois frais et les haies des campagnes. C'est là qu'on aperçoit ses feuilles découpées en petites folioles intercalées entre de plus grandes et terminées par un immense lobe denté. Ses fleurs jaunes rappellent, hormis la couleur, celles du fraisier, un proche parent. Les fruits, en revanche, sont moins appétissants: les petites têtes hérissées se séparent en fins aiguillons crochus qui se prennent aux poils des animaux et se collent aux habits. En arrachant délicatement la plante, on découvre un chevelu de racines brun clair partant d'une courte tige souterraine épaisse. Froissées entre les doigts, elles exhalent une extraordinaire odeur de clou de girofle mêlée de fumée, avec de belles notes florales. Leur parfum augmente à mesure qu'on les écrase. Elles renferment une essence riche en eugénol, composant principal de l'huile essentielle distillée du clou de girofle. Cette substance antiseptique et anesthésiante entre dans la composition des pansements dentaires. De ce fait, la racine de benoîte urbaine évoque aussi le dentiste...

Impératoire

Si certaines plantes sont reines, des bois ou des prés, l'impératoire se hausse, elle, au rang supérieur. Jadis considérée comme une panacée, cette grande ombellifère aux larges feuilles vert clair, proche de la berce et de l'angélique, possède des propriétés semblables à celles du ginseng, excellent régénérateur des organismes fatigués. De sa grosse racine charnue, très odorante, exsude un suc laiteux jaunâtre, très aromatique et fortement piquant au goût. Il renferme une essence jadis connue sous le nom d'«huile de benjoin français». Les écrits d'Hildegarde de Bingen au XIIe siècle portent l'impératoire aux nues: elle tonifie l'organisme, facilite la digestion, expulse les gaz de l'intestin et provoque la transpiration en vue d'éliminer les toxines du corps. C'est aussi un légume-condiment de valeur dont on peut employer la racine, les feuilles et les fruits aplatis, munis d'une aile membraneuse. Très aromatiques, ces derniers constituent une épice pleine de vertus.

Polypode

Une fougère qui a le goût de réglisse, ce n'est pas anodin. C'est le cas du polypode vulgaire dont la tige souterraine – pour les botanistes, le rhizome – est à la fois sucré, plus ou moins amer et étonnamment aromatique. D'un léger brun jaunâtre à l'extérieur, il montre à la cassure une curieuse couleur vert chartreuse. Caractéristiques, les feuilles du polypode – pour les botanistes, des frondes – ne sont pas profondément divisées comme celles des autres fougères mais simplement découpées en lobes profonds et arrondis. Le polypode choisit pour terrain d'élection les rochers et les vieux murs. Attention à être parcimonieux dans la récolte afin de ne pas mettre en danger la vie de cette jolie plante.

Flouve

Pour le cueilleur gourmand, les graminées semblent singulièrement dépourvues d'intérêt. À l'exception notable de la flouve odorante. Cette gracile herbe des prés renferme en effet, tout comme l'aspérule, le mélilot ou la fève tonka, de la coumarine. En séchant, elle dégage un suave parfum de vanille et peut aromatiser sauces, desserts et boissons. C'est elle qui donne son arôme subtil au foin coupé, parfois mis à profit pour cuire à l'étouffée des viandes, des pommes de terre et d'autres légumes.

Aspérule

Les fleurs de l'aspérule, modestes croix immaculées à quatre branchettes aiguës, passent souvent inaperçues. On remarque davantage son curieux feuillage étoilé qui parsème les sous-bois de hêtres. Une courte tige jaillie du sol porte deux ou trois collerettes superposées de feuilles allongées, réunies par six ou huit. Dans l'est de la Belgique, au Luxembourg et en Allemagne voisine persiste l'agréable tradition du «vin de mai» ou *Maitrank*. L'aspérule parfume cette boisson rafraîchissante qui se déguste trop facilement... Pourtant lorsqu'on la cueille, la plante ne sent guère davantage que les herbes voisines et il est difficile de croire qu'elle puisse posséder la moindre vertu condimentaire. C'est qu'elle doit sécher pour révéler son étonnant arôme de vanille dû à une substance particulière, la coumarine. En même temps qu'elle procure maints plaisirs gustatifs, l'aspérule offre ses qualités sédatives, particulièrement appréciables à notre époque de stress excessif.

Primevère

Le premier printemps, *primavera* en italien, est l'époque où fleurissent les primevères. Trois espèces émaillent de jaune les prés et les lisières: la primevère vulgaire ou acaule, la primevère officinale, souvent nommée «coucou», car elle paraît aux premiers chants de l'oiseau sans gêne, et la primevère élevée. Toutes étalent sur le sol en rosettes denses leurs feuilles vert clair, obtuses au sommet, à la surface typiquement gaufrée. Chez la primevère vulgaire, la tige unique, extrêmement courte, se cache au centre de la rosette de feuilles. L'ombelle fleurie qui la surmonte semble ainsi naître du sol. Les fleurs sont grandes, avec cinq pétales jaune soufre, étalés et soudés entre eux. Les deux autres espèces développent une tige d'une vingtaine de centimètres de hauteur couronnée de fleurs plus petites - jaune pâle chez la primevère élevée, jaune d'or avec cinq taches orange à la base des pétales chez la primevère officinale. Les racines dégagent une fabuleuse odeur d'anis, aussi nette qu'insoupçonnée.

merci

je tiens à remercier particulièrement
Christine mon épouse, pour sa patience bienveillante

Luc Parmentier, mon second

Virginie Girin, responsable de salle
et François Gautier, sommelier
ainsi que toute ma brigade, toujours prompte à accepter, au quotidien, de réaliser l'impossible

Pierre-Marcel Favre, Daniel Fazan, Oscar Ribes et Pierre-Michel Delessert qui m'ont soutenu tout au long de cette aventure éditoriale

les graphistes de l'agence Osca®ibes, Sandrine, Julien, Mélanie, Stéphanie et Christophe

Aline Favre, Fabienne Gioria et Marc-Antoine Raymond pour la réalisation de ma vaisselle

une pensée émue et particulière va à feu Monsieur André Félix qui est venu me chercher aux Paccots et qui a cru en moi dès le début de mon installation au Cerf. Pendant vingt ans, il m'a encouragé et approuvé.

je remercie encore les artistes, sculpteurs, céramistes et peintres, Aline Favre, Daniel Fazan, André Félix, Etienne Krähenbühl, Francisco Morales, André Raboud, Flaviano Salsani. Par le prêt de leurs œuvres ils ont été associés, avec complicité, aux détournements que j'ai fait subir à leurs créations. Qu'ils veuillent me le pardonner...: ils sont présents tous les jours dans mon cœur et mon travail !

Carlo Crisci